IA Nativa para Quem Domina PHP

Transforme seu sistema em um motor de inteligência

IA Nativa para Quem Domina PHP

Transforme seu sistema
em um motor de inteligência

Adriano Maciel

WEAD TECHNOLOGY
FEEL THE TECH

Grafia atualizada segundo o Acordo Ortográfico da Língua Portuguesa.

Isenção de Responsabilidade: Este livro foi desenvolvido com o objetivo de fornecer informações e orientações técnicas. O autor não se responsabiliza por perdas ou danos diretos e indiretos decorrentes do uso das instruções, metodologias ou exemplos contidos nesta obra. O conteúdo possui fins estritamente didáticos; recomenda-se que o leitor realize análises de conformidade técnica e legal antes de qualquer implementação em ambientes reais ou profissionais.

Dados Internacionais de Catalogação na Publicação (CIP)
(Câmara Brasileira do Livro, SP, Brasil)

Maciel, Adriano
IA nativa para quem domina PHP : transforme seu sistema em um motor de inteligência / Adriano Maciel. -- 1. ed. -- Praia Grande, SP : Ed. do Autor, 2026.

ISBN 978-65-01-93759-5

1. Ciência da Computação 2. Dados - Análise 3. Infraestrutura de tecnologia da informação 4. Inteligência artificial 5. Tecnologia I. Título.

26-336030.0 CDD-006.3

Índices para catálogo sistemático:

1. Inteligência artificial 006.3

Aline Graziele Benitez - Bibliotecária - CRB-1/3129

Sumário

Sobre o Autor

Me chamo Adriano Maciel e moro atualmente na cidade de Praia Grande, no litoral sul de São Paulo, região da baixada Santista. Minha experiência com o PHP começou no final da versão 5.2 *(o gerenciamento de memória era problemático)*, atravessou todo o ciclo da 5.3 e sigo firme da linguagem até os dias atuais.

Nesse trajeto, já fiz muita coisa, cheguei inclusive a me aventurar pelo "obscuro" PHP-GTK. Sempre fui do tipo que mergulha de cabeça em desafios e projetos inusitados *(para não falar estranhos)*, como a vez em que tentei utilizar bibliotecas para converter código PHP em Android nativo *(não deu certo)*, ou quando *(não lembro como)* fizemos um sistema em PHP se comunicar com uma impressora térmica.

Ao longo dos anos, trabalhei com muitas ferramentas e frameworks, mas, acima de tudo, conheci muitas pessoas que me serviram de inspiração e ajudaram na minha jornada.

Durante o ensino fundamental e médio, minha mãe sempre se esforçou para me colocar em cursos de computação, sendo um dos últimos o de "Web Master" na Microcamp, uma moda na época. Saí desses cursos sabendo quase nada, tanto por dificuldade própria quanto pela falta de um computador em casa para praticar. Só fui ter meu primeiro PC em Fevereiro de 2009 *(ainda tenho os e-mails da assitência técnica)*, quando eu já estava na casa dos 20 anos.

Antes mesmo de ter meu computador, enquanto ainda buscava uma profissão, fui professor desses cursos básicos de Office. Eu passava horas e horas no laboratório da escola estudando, não apenas revisando o conteúdo das aulas que ministrava, mas avançando por conta própria em tecnologias como Flash, Fireworks e Photoshop.

Foi em uma dessas escolas que ouvi falar pela primeira vez do PHP, em algum bate-papo em frente à garrafa de café. Como eu já tinha um computador em casa nessa época e uma conexão discada, cacei informações até encontrar uma apostila no FTP público da Unicamp, era o TCC de um aluno de Sistemas de Informação. A apostila tratava de uma versão antiga do PHP 5.2 (na época era novidade) e foi como encontrar ouro. Pela minha total falta de intimidade com o assunto, levei duas semanas apenas para configurar o XAMPP e finalmente ver o "Hello World" no navegador.

Dali em diante, não parei mais. Por volta de 2010, consegui meu primeiro trabalho como Front-end, na época em que lutávamos para centralizar uma `div` em diversas versões do IE, Opera e Mozilla.

Minha trajetória seguiu por novos caminhos e logo conquistei minha primeira posição como desenvolvedor PHP, onde conheci meu amigo Victor Rossi. Houveram muitas pessoas importantes na minha vida profissional, em lugares como Simple Brasil, Tangran e diversos outros, até chegar à Ambra, onde estou à mais de 9 anos.

Como você pode ver, não tive uma formação acadêmica tradicional no início; foi na raça. Minha graduação veio apenas há dois anos: formei-me em **Ciência de Dados** e em **Inteligência Artificial** pela UNICID. Fiz uma extensão em **Mineração de Dados** pela PUC Minas e, no momento, concluo minha **Pós-Graduação em Inteligência Artificial e Aprendizado de Máquina**, também pela PUC Minas.

Dedicatória

Dedico esta obra à minha mãe, que com grandes sacrifícios não mediu esforços para me abrir as portas da computação. Ao meu pai, que com imenso sacrifício me presenteou com meu primeiro computador, a ferramenta que transformou o meu destino.

À minha esposa, por ser o meu alicerce inabalável. Atravessamos juntos momentos de dificuldades e, se hoje este livro existe, é porque sua força me sustentou quando o caminho parecia impossível. Às minhas três filhas, que são a razão de cada linha de código que escrevo e a luz que ilumina o meu futuro.

Em memória de **Amy Lee Santana Silva**, que permanece em nossos corações, sempre foi e sempre será muito amada.

Apresentação

A ideia deste livro surgiu durante minha graduação em **Inteligência Artificial**: a curiosidade em saber se havia outra possibilidade de utilizar essa tecnologia em sistemas *simples*. Quero dizer, preciso de uma infraestrutura cara com GPUs ou contratar serviços externos de IA se eu precisar desenvolver um sistema de recomendação, análise de fraude, detecção de comportamentos anômalos, etc?

Outra razão para a escrita deste material foi me deparar com o fato de que essa tecnologia existe há bastante tempo, porém sempre foi comum (antes dos grandes modelos generativos) que IA era ou ficção científica, ou era complexo demais para qualquer problema *"mundano"*. Descobri que não era, e aliás poderia ter resolvido muitos problemas de forma mais eficiente do que as abordagens que eu mesmo tive em muitas situações ao longo desses anos.

Vivemos em uma era onde os **Large Language Models (LLMs)** dominam, e é tentador acreditar que eles resolvem tudo. Mas a verdade é que a maioria dos problemas de negócio exige **determinismo**, não criatividade textual. Neste livro, você aprenderá a construir o **núcleo determinístico** com redes neurais clássicas e algoritmos de decisão — e, ao final, verá como integrar esse núcleo com LLMs locais (Ollama + MCP) para humanizar as respostas ao cliente. **Lógica com matemática, texto com LLM.** Cada ferramenta no seu lugar.

Também quero demonstrar na prática, com problemas reais. Não é nada pessoal com a abordagem acadêmica de sempre usar o 'Iris Dataset', ou a imagem da 'Lena', ou o dataset de 'sobreviventes do Titanic', ou o 'Boston Housing Dataset', ou o 'Wine Dataset', enfim.

Sou pouco acadêmico e muito mais prático, obviamente há inúmeras razões para que muitos materiais usem os dataset clássicos. Entretanto considerei ter uma abordagem um pouco diferente, não apenas nos problemas solucionados com os exemplos deste livro, mas também em relação a abordagem em si.

Este livro utiliza uma abordagem pouco convencional, como o assunto é muito denso, nos primeiros capítulos faço uma breve introdução das ferramentas e técnicas utilizadas e já apresento um resultado totalmente funcional. E ao longo do livro todos os detalhes são "decompostos".

Por que eu decidi fazer assim? Muito simples, meu objetivo não é (nem de longe) formar especialistas em IA, mas sim apresentar objetivamente as ferramentas, os resultados alcançados, quais problemas estamos resolvendo e listar alguns casos de uso. Com isso o programador pode decidir se precisa (ou quer) se aprofundar.

Para quem está buscando principalmente **como** resolver um problema específico, chega a ser frustrante passar por centenas de páginas de pura teoria, para só no final descobrir que o resultado não era bem o que pensava conseguir.

Prepare um ambiente de testes, abra seu editor favorito, e vamos explorar o que poucos desenvolvedores PHP conhecem.

Boa leitura!

Contatos

Se quiser me encontrar online (apesar de eu praticamente não ter redes sociais), seguem alguns links:

GitHub: https://github.com/adrianowead

LinkedIn: https://www.linkedin.com/in/adrianowead

Introdução

Como projeto didático que será o fio condutor de todo o livro, vamos detalhar aspectos técnicos e teóricos de um projeto que chamaremos de **"Motor de Crédito 360"**, será uma pipeline que irá avaliar o 'risco de crédito' dos clientes e ao final saberemos:

> ***O que é uma Pipeline?*** *Em Inteligência Artificial, pipeline significa uma sequência de etapas de processamento encadeadas, similar a uma linha de montagem industrial. O dado bruto entra em uma ponta, passa por várias transformações e análises, e sai do outro lado como uma decisão ou previsão.*

- Se é uma tentativa de fraude
- Se o risco de crédito é alto ou não
- Qual produto podemos oferecer para cada cliente

Pode parecer um projeto muito complexo, e de certa forma é mesmo. Por isso faremos o uso de algumas ferramentas que já possuem toda a implementação estatística **otimizada**.

Sinceramente, seria muita pretensão de minha parte tentar ensinar os detalhes de cada algoritmo e cada fórmula utilizada para resolver esses problemas.

> *Caso você se interesse em aprender a matemática desses algoritmos, eu recomendo fortemente uma graduação ou pós-graduação em* ***IA*** *ou* ***Ciência de Dados****, pois há muitos conceitos e fórmulas de ambas as áreas que se sobrepõem.*

Esse é um problema que pode ser facilmente dividido em partes, e dividiremos da seguinte forma:

1. Análise de Fraude

Utilizaremos como camada inicial para identificar tentativas de fraude a biblioteca **FANN (Fast Artificial Neural Network)**. É escrita em C, e tem como principal foco a detecção de padrões, sejam eles quais forem.

> ***Treino vs Inferência:*** *Antes de usar qualquer modelo de IA, precisamos "ensiná-lo" com exemplos do passado — isso é o* ***treinamento****. Depois de treinado, podemos usá-lo para analisar dados novos — isso é a* ***inferência****. Pense no treinamento como estudar para uma prova, e na inferência como fazer a prova de fato.*

2. Análise de risco de crédito

Para esta etapa da pipeline utilizaremos o framework **Rubix ML**, que é atualmente uma das melhores ferramentas em PHP para implementação de aprendizado de máquina.

Seus algoritmos são voltados para performance em CPU, possui uma excelente abstração dos algoritmos complexos, é de fácil implementação em PHP, e assim como a FANN é leve o suficiente para uso em produção.

3. Tomada de decisão multicritério

Esse seria o cérebro do negócio, é a etapa final da nossa pipeline de **IA clássica**. Aqui o algoritmo **AHPd (Analytic Hierarchy Process - Data-Driven)** analisa os dados do cliente e dá o veredito de qual produto de crédito é mais adequado.

Diferente do AHP tradicional, o AHPd não depende de subjetividade, ele é capaz de decidir com base puramente nos dados. É uma poderosa ferramenta capaz de **auxiliar** aos tomadores de decisão humanos, indicando em um ranking quais seriam as melhores opções dados os critérios de negócio.

4. Humanização com LLMs (Opcional)

Após as três camadas determinísticas, temos um **resultado técnico** preciso. Mas como comunicar isso ao cliente de forma empática e clara? Aqui entra a camada opcional de **IA generativa**: utilizando o **Ollama** com modelos locais e o protocolo **MCP (Model Context Protocol)**, podemos transformar dados técnicos em mensagens humanizadas.

> ***Por que LLM apenas no final?*** *Porque LLMs foram criadas para texto, não para lógica determinística. Nós garantimos a precisão matemática com FANN, RubixML e AHPd — e delegamos apenas a comunicação para o modelo de linguagem.* ***Lógica é com matemática, texto é com LLM.***

Esta camada é apresentada como extensão do projeto principal, permitindo que o leitor escolha implementá-la ou não, dependendo de suas necessidades.

> ***Nota sobre as Tecnologias Escolhidas:***
> *As ferramentas apresentadas neste livro (FANN, RubixML, AHPd) foram selecionadas por seu equilíbrio entre* ***performance*** *e* ***transparência didática****.*
>
> *Embora o ecossistema de IA evolua rapidamente (com ONNX, PyTorch, etc.), o nosso foco aqui é a* ***Arquitetura de Solução****. A estrutura de "Pipeline de Decisão" que criaremos é agnóstica à tecnologia. Ao entender como orquestrar modelos determinísticos com PHP, você poderá substituir a FANN por um modelo TensorFlow rodando em ONNX Runtime no futuro, mantendo a mesma lógica de negócio e segurança que construiremos aqui.*
>
> *Encare estas bibliotecas como exemplos funcionais robustos, perfeitos para entender os fundamentos sem abstrações excessivas.*

Requisitos

Irei me basear totalmente em containers, mas como será um ambiente *"de desenvolvimento"*, as imagens prontas oficiais já possuem uma série de otimizações. Por isso deixarei aqui um *Dockerfile* que customiza uma imagem do **Ubuntu 24.04**. Desta forma teremos um linux utilizável como uma máquina virtual.

Se preferir utilizar um **Virtual Box** ou qualquer outra coisa, fica a seu critério.

Dockerfile:

```
FROM ubuntu:24.04

ENV DEBIAN_FRONTEND=noninteractive
ENV TZ=UTC

RUN ln -snf /usr/share/zoneinfo/$TZ /etc/localtime && echo $TZ > /etc/timezone

#pré-requisitos mínimos para PPA
RUN apt-get update && apt-get install -y \
    software-properties-common \
    ca-certificates \
    curl \
    gnupg \
    git \
    unzip

#adicionar PPA do Ondřej Surý (Ubuntu)
```

```
RUN add-apt-repository ppa:ondrej/php -y

#instalar PHP
RUN apt-get update && apt-get install -y \
    php8.5-dev \
    php8.5-cli \
    php8.5-xml \
    php8.5-curl

RUN apt-get install -y \
    libfann-dev

#PECL já está deprecated, mas algumas extensões ainda não estão no PIE
RUN pecl install channel://pecl.php.net/fann-1.2.0
RUN echo "extension=fann.so" > /etc/php/8.5/cli/conf.d/20-fann.ini

#Composer
RUN apt-get install wget -y

RUN wget
https://raw.githubusercontent.com/composer/getcomposer.org/f3108f64b4e1c1ce6eb46
2b159956461592b3e3e/web/installer -O - -q | php && \
    mv composer.phar /usr/bin/composer

#PHP PIE
RUN apt install -y \
    gcc \
    make \
    autoconf \
    libtool \
    bison \
    re2c \
    pkg-config \
    php-dev

RUN wget https://github.com/php/pie/releases/download/1.3.7/pie.phar && \
    mv pie.phar /usr/bin/pie && \
    chmod +x /usr/bin/pie

#AHPd (AHP Data-Driven)
RUN pie install wead/ahpd

WORKDIR /livro
```

docker-compose.yaml:

```
services:
  php:
    build:
      context: .
      dockerfile: Dockerfile
    container_name: php_ai
    volumes:
      - ./:/livro
    command:
      - /bin/bash
      - -c
      - |
        sleep infinity
    restart: "no"
```

> *Para a LLM utilizaremos um modelo totalmente local. Que exigirá um hardware mais robusto (como uma GPU). Entretanto o leitor pode seguir a mesma implementação integrando com modelos online.*
>
> *A escolha do Ollama tem como objetivo proporcionar um ambiente totalmente isolado, com customização avançada do modelo, e principalmente a garantia de que nenhuma informação será trafegada para fora da infraestrutura da empresa. Preservando assim dados sigilosos e atendendo às mais exigentes normas de compliance.*

Projeto: Motor de Crédito 360º

Para a parte prática, vamos construir ao longo deste livro algo que vai além de scripts soltos. Vamos desenvolver um **Motor de Análise de Crédito e Risco** (ou, para os íntimos, um *Credit Engine*).

A escolha desse cenário não foi por acaso. Ele é perfeito porque, embora o "dado de entrada" seja o mesmo, as perguntas que precisamos responder são fundamentalmente diferentes em cada etapa. Em outras palavras, iremos extrair múltiplas análises a partir de um mesmo conjunto de dados, cada ferramenta receberá detalhes específicos de uma mesma fonte. E é aqui que a maioria dos desenvolvedores se confundem, geralmente as pessoas tentam utilizar um único algoritmo, ou uma única IA para tudo.

O problema desta abordagem é que todo o processo fica muito complexo, pois um mesmo modelo acabará misturando o propósito de cada *critério*, e como veremos bem mais à frente, isso tem muita influência em:

- Topologia da rede (a estrutura de camadas e neurônios — quanto mais propósitos, mais complexa). Iremos abordar esse conceito em detalhes mais adiante.
- Mistura de muitas funções de ativação (funções matemáticas que decidem se um neurônio "dispara" ou não — iremos abordar em breve)
- Volume de dados de treino e teste é muito maior
- O modelo torna-se um **monolito**

Cenário de Negócio

Imagine que você trabalha em uma Fintech. O sistema recebe um pedido de cartão de crédito e precisa tomar uma decisão em milissegundos. Essa decisão não é simplesmente "sim" ou "não". É um processo de tomada de decisão multifacetada que precisa equilibrar segurança, risco financeiro e estratégia comercial.

> *Aqui muitos desenvolvedores pensariam em uma abordagem com múltiplos agentes, talvez o uso de **MCP** ou algo assim. E isso já é um primeiro erro, começar com algo muito complexo sem tentar abordagens mais simples primeiro.*

O nosso motor precisará responder a três perguntas críticas para cada requisição:

1. **Segurança:** Isso é uma tentativa de fraude óbvia ou uma anomalia?
2. **Risco:** Se concedermos crédito, qual a probabilidade deste cliente não pagar?
3. **Oferta:** Qual é o limite ideal para conceder, equilibrando o apetite ao risco da empresa com a capacidade do cliente?

Perceba que cada pergunta exige uma ferramenta diferente. A primeira exige reflexo rápido *(é fraude ou ataque?)*. A segunda, análise estatística de histórico *(vai sumir com o dinheiro?)*. A terceira, ponderação de interesses conflitantes *(considerando o apetite ao risco do negócio, qual produto dará maior lucro?)*.

Os Dados de Entrada

Para manter o foco na engenharia e na inteligência artificial (e não perdermos capítulos inteiros limpando strings ou tratando datas), vamos trabalhar com dados numéricos e normalizados. Utilizaremos apenas 5 *features* (características) que representam o perfil financeiro do solicitante.

> ***O que são features?*** *Em Machine Learning, features são as variáveis de entrada que o modelo usa para aprender padrões. Pense nelas como as "perguntas" que o algoritmo faz para tomar uma decisão. Escolher boas features é frequentemente mais importante que escolher o algoritmo certo.*

Feature	O que representa	Por que importa
Renda Mensal	Capacidade bruta de caixa	Define o teto de crédito possível
Dívida Total	Comprometimento atual	Indica se a pessoa já está "enforcada"
Score Externo	Histórico de mercado	Mostra o comportamento passado com outros credores
Tempo de Emprego	Estabilidade	Previsibilidade de receita futura
Idade	Maturidade financeira	Correlaciona com comportamento de risco

Embora pareça simples, essas 5 características combinadas podem criar cenários extremamente complexos que desafiariam um analista humano, mas que são triviais para os algoritmos apresentados neste livro.

Arquitetura

Aqui entra a engenharia de software. Não vamos jogar tudo dentro de um único "script de IA" e passar instruções como: *"Você é um analista de crédito, considerando as regras X e Y, analise o perfil deste cliente Z"*. E com isso delegar as **regras de negócio mais importantes da nossa empresa** *(somos uma fintech)*, para uma API externa em uma **caixa preta** que não temos qualquer controle ou pleno entendimento de suas decisões.

Aliás, um erro muito comum, especialmente na era de "IA Generativa", é tentar delegar tarefas matemáticas ou puramente lógicas para modelos de linguagem (LLMs).

Esses modelos são ferramentas fantásticas para conversação, sumarização e interação, mas são péssimos executores de lógica rígida. E o motivo é estrutural: LLMs não "calculam", eles completam padrões. Eles funcionam baseados em *Previsão do Próximo Token* (Next Token Prediction).

Quando você pergunta para um LLM quanto é "2 + 2", ele não joga esses números na unidade lógica e aritmética (ALU) do processador para somar. Ele olha para o contexto e calcula probabilisticamente: *"Dado o texto '2 + 2 =', qual é o símbolo que tem a maior probabilidade estatística de aparecer a seguir?"*. A resposta é "4", e ele acerta.

Porém, em cenários complexos onde a resposta não é óbvia ou trivial, essa natureza probabilística joga contra nós. O modelo pode "alucinar", inventando uma resposta que parece plausível semanticamente, mas que é matematicamente errada. Ele prioriza a coerência do texto sobre a exatidão do fato.

Em um Sistema de Análise de Crédito, não podemos trabalhar com "provavelmente está certo".

Precisamos de **determinismo**. Se o cliente ganha 10 mil e deve 5 mil, o comprometimento de renda é exatamente 50%, e não "algo em torno de metade". É aqui que a nossa abordagem se diferencia da maioria dos *wrappers* de LLMs que vemos por aí.

Nós utilizamos a ferramenta certa para o trabalho certo:

1. **FANN e RubixML** para a matemática pesada e padrões estatísticos. Elas são determinísticas no sentido de que, dado o mesmo modelo treinado e a mesma entrada, a saída é matematicamente garantida.
2. **Algoritmos Clássicos (AHP)** para a lógica de decisão e regras de negócio.

Se quiséssemos colocar um LLM neste projeto, ele entraria apenas na ponta final: para pegar o resultado exato gerado pelo nosso motor e escrever um e-mail bonitinho e empático para o cliente explicando a decisão. **Lógica é com matemática, texto é com LLM.**

> ***Spoiler:*** *Faremos exatamente isso! Na última etapa do livro, apresentaremos uma extensão opcional onde integramos nosso Motor de Crédito 360º com o* ***Ollama*** *(LLM local) através do protocolo* ***MCP (Model Context Protocol)****. O PHP atuará como middleware, expondo os resultados da análise para um modelo de linguagem que humanizará a comunicação com o cliente — tudo rodando localmente, sem custos de API.*

Por isso é muito importante compreender as variações de inteligência artificial e aprendizado de máquina que existem, as ferramentas generativas chamam a atenção pois parecem "pensar" de verdade, pois "criam as coisas do nada". Quando na verdade é pura estatística com um alto grau de aleatoriedade, o que gera a alucinação.

Já as ferramentas de IA com baixo grau de aleatoriedade são ideais para tarefas determinísticas, pois aprendem padrões rígidos e possuem pouca flexibilidade para variar muito as análises.

Vamos criar uma pipeline de decisão onde cada ferramenta atua onde é mais forte. Onde teremos total entendimento e controle do que está acontecendo:

Agente	Ferramenta	Papel Principal	Perfil de Decisão
Porteiro	FANN (C)	**Segurança**	Reflexo rápido (Fraude/Não Fraude)
Analista	RubixML (PHP)	**Risco**	Ponderado (Probabilidade de Inadimplência)
Gerente	AHPd (PHP)	**Negócio**	Estratégico (Qual melhor produto?)
Assistente	LLM (Ollama)	**Interação**	Humanizada (Explicação e Consulta)

1. FANN: O "Porteiro" (Segurança e Reflexo)

A primeira camada é a **FANN** (*Fast Artificial Neural Network*). Como é uma extensão escrita em C, ela é muito rápida na inferência (análise). Seu papel aqui é atuar como uma barreira de baixa latência.

Nós a treinaremos para detectar anomalias lógicas, como o clássico problema do *XOR* (Ou-Exclusivo). O XOR é uma operação lógica onde o resultado é verdadeiro apenas se *um* dos operandos for verdadeiro, mas não ambos. Por exemplo: alguém com renda altíssima, mas tempo de emprego zero e idade muito baixa. Isso foge do padrão normal. Pode ser um erro de digitação, um "laranja" ou uma fraude sintética. A FANN não precisa explicar o "porquê", ela só precisa dizer: **Bloqueia** ou **Passa**. É puro reflexo.

> *E assim como **qualquer** modelo de IA, as regras devem ser definidas com base em conhecimento prévio da nossa empresa. Neste cenário "sabemos" o que é claramente uma fraude, e são esses casos **inequívocos** que passaremos para a FANN.*

2. RubixML: O "Analista" (Predição de Risco)

Se o pedido passar pelo porteiro, ele chega à mesa do **RubixML**. Aqui precisamos de robustez e estatística, não apenas reflexo. O RubixML, com seu ecossistema orientado a objetos em PHP, nos permite implementar algoritmos como *Random Forest* ou *MLP* para analisar nuances.

Diferente do porteiro, o analista pondera compensações. Um *score* externo mediano pode ser aceitável se o tempo de emprego for alto e a dívida for baixa. O objetivo aqui é calcular uma **Probabilidade de Inadimplência** (ex: "há 12% de chance deste cliente não pagar").

A modelagem desta etapa é, provavelmente, a parte mais difícil de qualquer sistema deste tipo. Pois não há uma definição exata de qual modelo é melhor. O que existem são as indicações de quais tipos de problema cada algoritmo resolve melhor.

Mas ainda assim, cabe ao desenvolvedor que conhece as regras de negócio experimentar e decidir qual algoritmo usar em cada situação.

> *É de extrema importânica lembrar que, como os projetos evoluem com o tempo e os próprios dados também mudam, é recomendado sempre reavaliar se o algoritmo que hoje está em produção, ainda é adequado quando há mudanças no ambiente.*

3. AHPd: O "Gerente" (Tomada de Decisão)

Por fim, temos a etapa que "decide" qual produto melhor atende as necessidades do cliente e os interesses da empresa. Mesmo sabendo que o risco é de 12%, o que fazemos com isso? Negamos? Aprovamos com limite baixo? Aprovamos com limite alto?

Aqui entra o **AHPd** (*Analytic Hierarchy Process - Data Driven*). Isso não é *Machine Learning*, é **Tomada de Decisão Multicritério**.

Temos interesses conflitantes no negócio:

- Queremos dar limites altos para lucrar com juros (Vendas).
- Queremos risco baixo para não levar calote (Prejuízo).

O AHPd vai pegar os dados do cliente e "rankear" qual oferta (Cartão Gold, Silver ou Basic) melhor satisfaz os objetivos de negócio da empresa naquele momento, baseando-se matematicamente nos dados, sem "achismos".

> *Obviamente que no mundo real, as respostas do AHPd devem ser apenas levadas em consideração e não respondidas diretamente ao cliente final. Para tomada de decisão, a forma correta de se utilizar o AHPd é como um auxiliar, ele define um raking das melhores escolhas que atendam a todos os critérios.*
> *Isso facilita o trabalho do tomador de decisão humano, que pode se concentrar nas primeiras posições do ranking, sem necessariamente escolher sempre a primeira posição, e sem ter o trabalho de avaliar uma a uma das opções.*

Ao final da implementação, você não terá apenas "usado uma lib de IA". Você terá construído uma arquitetura de decisão completa, defensável e modular, provando que o PHP é totalmente capaz de orquestrar inteligência de negócio complexa com alta performance.

4. LLM: A Assistente (Interface Humanizada)

Todas as etapas anteriores são invisíveis para o usuário final, apenas os programadores podem ver *"a matrix"*. Mas como entregamos esses dados?

Como na demonstração deste projeto vai apresentar, podemos fazer em lote (batch) ou em consultas pontuais pelos funcionários da empresa. Aqui entra a **Lina**, nossa assistente virtual baseada em um Large Language Model (LLM) rodando localmente com **Ollama**. Diferente dos componentes anteriores, o papel dela não é decidir, mas sim **comunicar**.

Ela recebe o contexto exato do que aconteceu nas etapas anteriores (por que foi negado? qual o risco calculado?) e traduz isso em uma explicação natural e empática. Além disso, ela atua como uma interface de consulta, permitindo que o analista humano pergunte *"Por que o cliente X foi negado?"* e receba uma resposta baseada nos dados reais processados pelo FANN e RubixML, sem *(muitas)* alucinações, graças ao uso do protocolo **MCP**.

Detalhando as Regras de Negócio

Para deixar nosso motor calibrado, não podemos apenas jogar dados aleatórios. Precisamos de regras de negócio claras que traduzam a realidade de nossa empresa fictícia para a linguagem dos nossos algoritmos. Vamos detalhar o que cada um deve "aprender":

Regras do FANN (O Porteiro)

Aqui a regra é binária: **Passa** ou **Não Passa**. Não queremos nuances, queremos detectar o impossível ou o altamente improvável. Utilizaremos uma lógica similar ao XOR (Ou-Exclusivo) para pegar contradições.

- **Renda Alta + Idade Baixa + Sem Emprego = FRAUDE.** (Ninguém fica rico desempregado aos 18 anos sem um histórico familiar forte, o que não temos nos dados).
- **Dívida Zero + Score Baixo = ANOMALIA.** (Se não tem dívida, por que o score é ruim? Provavelmente dados sujos).
- **Tempo de Emprego Alto + Idade Baixa = IMPOSSÍVEL.** (Ninguém tem 10 anos de emprego com 20 anos de idade).

A FANN deve aprender essas "barreiras lógicas" e descartar imediatamente essas requisições.

Regras do RubixML (O Analista)

Aqui entramos no terreno das probabilidades. O analista não vê "preto no branco", ele vê tons de cinza.

- **Renda Média + Emprego Estável = RISCO BAIXO.** (Mesmo que não ganhe muito, a estabilidade sugere cumprimento de deveres).
- **Dívida Alta + Renda Alta = RISCO MÉDIO.** (Tem capacidade de pagamento, mas já está alavancado. Qualquer deslize vira inadimplência).
- **Score Baixo + Renda Alta = ALTO RISCO.** (Ganha bem mas paga mal. É o perfil clássico do "mau pagador consciente").

O RubixML deve nos devolver um número entre 0 e 1. Quanto mais próximo de 1, maior a certeza de que ele **NÃO** vai pagar (Inadimplência).

Regras do AHPd (O Gerente)

Aqui a abordagem muda. Em vez de complexas árvores de decisão (`if renda > 5000`), utilizaremos o conceito de **Arquétipos (Benchmarks)**.

O AHPd não julgará o cliente de forma absoluta, mas sim **relativa**. Compararemos o cliente atual contra três "Perfis Ideais" que definimos como objetivos para cada produto:

1. **Benchmark Gold/Platinum:** O cliente dos sonhos (Renda 25k, Score 900, 5 anos de emprego).
2. **Benchmark Silver:** O cliente médio (Renda 8k, Score 700, 2 anos de emprego).
3. **Benchmark Bronze:** O cliente iniciante (Renda 3k, Score 450, 6 meses de emprego).

O algoritmo classificará o cliente atual em um ranking junto com esses perfis, utilizando 5 critérios fundamentais com direções específicas:

- **Renda:** Quanto maior, melhor (**Max**).
- **Score:** Quanto maior, melhor (**Max**).
- **Tempo de Emprego:** Quanto maior, melhor (**Max**).
- **Idade:** Quanto maior, melhor (**Max** - no nosso modelo correlaciona com estabilidade).
- **Dívida:** Quanto menor, melhor (**Min**).
- **Análise positiva:** Quanto maior, melhor (**Max**).

Se, após a análise matemática, o "Cliente Atual" ficar posicionado no ranking **acima** do Benchmark Silver, ele merece o cartão Gold. Se ficar entre Bronze e Silver, recebe o Silver.

Isso permite um ajuste fino de estratégia. Se quisermos ser mais agressivos no mercado, basta "abaixar a régua" dos Benchmarks. Se quisermos ser conservadores, subimos a régua. Tudo isso sem alterar uma linha de código lógica (`if/else`), apenas mudando os dados de referência dos arquétipos.

Nos próximos capítulos veremos a pipeline "funcionando", e com absoluta certeza ficará muito mais claro o motivo dessa separação em três grandes etapas para a análise de crédito nesta nossa fintech fictícia.

Resultados Finais

Como prometido na introdução deste livro, vamos começar pelo fim. Antes de entrarmos na implementação detalhada de cada componente, veja abaixo o resultado real da execução do nosso **Motor de Crédito 360°**.

Ao submeter a base de clientes fictícios para a nossa pipeline de inferência (que combina FANN, RubixML e AHPd), obtemos a seguinte saída no terminal:

```
>>> Iniciando Motor de Credito 360 <<<
[SYSTEM] Carregando modelos...
| ID   | FANN   | Rubix | Decisao                |
----------------------------------------------------
| 1001 | NORMAL | BOM   | OFERTA: GOLD/PLATINUM |
| 1002 | NORMAL | BOM   | OFERTA: SILVER         |
| 1003 | NORMAL | BOM   | OFERTA: SILVER         |
| 1004 | FRAUDE | BOM   | Bloqueio de Seguranca |
| 1005 | NORMAL | BOM   | OFERTA: SILVER         |
| 1006 | NORMAL | RUIM  | Negado por Risco       |
| 1007 | NORMAL | BOM   | OFERTA: GOLD/PLATINUM |
| 1008 | FRAUDE | BOM   | Bloqueio de Seguranca |
| 1009 | NORMAL | BOM   | OFERTA: GOLD/PLATINUM |
| 1010 | NORMAL | BOM   | OFERTA: GOLD/PLATINUM |

[SYSTEM] Processamento Concluido.
```

Perceba como o cliente **1004** foi barrado por **Fraude** (FANN) mesmo tendo um perfil que o Rubix considerou "BOM". E como o cliente **1006** foi negado por **Risco** (Rubix), protegendo a empresa de um provável mau pagador. Já os aprovados foram classificados em **Ofertas** específicas (AHPd) de acordo com seu potencial.

Assistente Virtual (Lina)

E para levar a experiência do usuário a um novo nível, conectaremos esse motor "frio" e matemático a um **Large Language Model (LLM)** rodando localmente via **Ollama**.

Utilizando o protocolo **MCP**, transformamos nossas funções PHP em ferramentas que a IA pode usar. O resultado é a **Lina**, nossa assistente de crédito que consegue consultar dados, executar análises e explicar os resultados em linguagem natural:

```
$ php chat.php
```

```
════════════════════════════════════════════════════════════
  LINA - Assistente de Analise de Credito (via Ollama)
════════════════════════════════════════════════════════════

Conectando ao servidor MCP... [OK] 6 ferramentas

Olá! Eu sou a Lina, sua assistente de análise de crédito.
Posso ajudar com: análise de clientes, verificação de fraude,
cálculo de risco e sugestão de oferta de cartão.

Digite 'sair' para encerrar.
────────────────────────────────────────────────────────────

Você: bom dia!

Pensando...

Lina: Bom dia! Sou Lina, sua assistente especializada em análise de crédito.
Qual é o seu pedido? Você gostaria de analisar um cliente ou precisar de ajuda
com algo específico? Estou aqui para ajudar!

Você: liste os clientes

Pensando...
[TOOL] Usando: listar_clientes...

Lina: Aqui estão os clientes da nossa base de dados:

1. Ricardo Almeida (ID: 1001)
2. Fernanda Costa (ID: 1002)
3. Lucas Oliveira (ID: 1003)
4. Isabela Martins (ID: 1004)
5. José da Silva (ID: 1005)
6. Mariana Santos (ID: 1006)
7. Pedro Henrique (ID: 1007)
8. Thiago Nascimento (ID: 1008)
9. Claudia Ferreira (ID: 1009)
10. Antônio Souza (ID: 1010)

Quer analisar um deles?

Você: analise o 1004

Pensando...
[TOOL] Usando: buscar_cliente...

Lina: Com base nos dados do cliente Isabela Martins (ID: 1004), podemos realizar
uma análise completa de crédito.

**Renda:** R$ 45.000,00 por mês
**Divida:** Nenhuma divida registrada
**Score:** 800 (indicando um histórico de crédito positivo)
```

```
**Tempo de emprego:** Não há tempo de emprego registrado (pois Isabela é
herdeira e não trabalha)
**Idade:** 19 anos
**Gênero:** Feminino
**Data de nascimento:** 28/05/2007

Considerando esses dados, podemos concluir que Isabela tem um perfil de crédito
relativamente saudável, com uma renda razoável e sem dividas registradas. No
entanto, seu tempo de emprego é limitado (pois não trabalha) e sua idade é
jovem.

**Conclusão:** Aprovada para cartão Gold

Isabela pode ter acesso a um cartão de crédito com limite mais alto,
considerando seu histórico de crédito positivo e renda razoável. No entanto, é
importante lembrar que o tempo de emprego e idade devem ser monitorados ao longo
do tempo para garantir que ela mantenha um perfil de crédito saudável.
```

Observe no detalhe, que no fluxo normal de pipeline totalmente automatizada, a cliente **1004** teria sido negada por **Fraude** (FANN) mesmo tendo um perfil que o Rubix considerou "BOM". Mas na interação com LLM o modelo fez uma análise completa do perfil, com base nas regras de negócio que serão explicadas ao longo do livro.

Então o modelo errou? Não! Ele deliberadamente fez uma análise de perfil olhando unicamente o resultado do Rubix, no chat foi pedido apenas para analisar a cliente, e não para verificar se era uma fraude. Isso já demonstra um pouco das possibilidades, esse modelo que chamei de **Lina**, é uma assitente **interna** para ser usada por um analista **humano**, e não para interagir com o cliente final. Você pode criar agentes distintos, para finalidades distintas e que podem compartilhar os mesmos conhecimentos e até os mesmos **MCP**, basta refinar o **controle de acesso**.

É exatamente isso que você será capaz de construir ao final deste livro. Preparado? Então vamos ao código.

Máquina de Inferência

Antes de mergulharmos no treinamento de redes neurais ou em cálculos matemáticos complexos, vamos primeiro olhar para o "produto final".

Como engenheiros, muitas vezes ficamos obcecados com o funcionamento interno das coisas e esquecemos o objetivo principal: colocar algo para funcionar em produção. Por isso, neste capítulo, vamos analisar a **Máquina de Inferência** – o script responsável por orquestrar toda a inteligência do nosso sistema.

Por muitas e muitas vezes ao longo da minha carreira como programador, eu começava a codificação antes de ter a especificação completa *(isso ainda acontece, mas não exatamente por culpa minha, você sabe do que estou falando).* Ou seja, eu já começava a desenvolver sem saber exatamente qual era o objetivo final.

Mas antes de prosseguirmos, **você sabe o que é inferência?**

De forma simples, inferência é o ato de usar o modelo já treinado para tomar decisões sobre novos dados. É o momento em que a "inteligência" é aplicada na prática. Durante o **treinamento**, o algoritmo analisa milhares de exemplos passados para aprender padrões e criar uma equação matemática (o modelo).

Pense nisso como um estudante se preparando para uma prova. O estudo (ler livros, fazer exercícios) é o **treinamento**. A prova em si, onde ele deve olhar para uma pergunta nunca vista antes e responder com base no que estudou, isso é a **inferência**.

No contexto do nosso projeto, a inferência acontece quando nossa aplicação recebe um cliente novo, que nunca vimos antes, e utiliza os modelos (arquivos `.net` e `.rbx` que geraremos no futuro) para prever se aquele cliente é uma fraude ou um bom pagador. É aqui que o investimento computacional do treinamento se paga, gerando valor para o negócio em tempo real.

> ***O que são os arquivos .net e .rbx?*** *Esses arquivos contêm os "pesos aprendidos" durante o treinamento — milhares de números que representam o conhecimento extraído dos dados. Iremos gerar esses arquivos e entender seu conteúdo em detalhes mais adiante.*

Clientes reais

Para que possamos visualizar todo esse processo acontecendo na prática, precisamos de cobaias. No arquivo `app/clientes.csv` temos uma lista de clientes fictícios que submeteremos à nossa máquina (observe que, diferentemente dos dados de treinamento, aqui não temos o gabarito "bom" ou "ruim", pois é justamente o que a máquina deve descobrir):

ID	Renda	Dívida	Score	Emprego (meses)	Idade
1001	28000	1000	950	240	50
1002	9000	2000	750	60	35
1003	3500	500	500	24	25
1004	45000	0	800	0	19
1005	4000	50000	300	120	40
1006	3000	2000	200	24	30
1007	2000	0	400	6	22
1008	48000	1000	700	1	28
1009	15000	5000	780	120	40
1010	2000	1000	450	360	55

Já mencionei que tanto a **FANN** quanto o **Rubix ML** podem ser utilizados em produção para inferência, ou seja, podem ser utilizados mesmo em chamadas web.

> ***Nota**: A viabilidade deve ser analisada caso a caso, especialmente no espaço ocupado pelo modelo treinado. Lembre-se que esse modelo será carregado para a memória RAM.*
> *E recomendo fortemente que você utilize recursos para otimizar ao máximo essa memória, se possível utilize técnicas como o `shmop` para compartilhar a mesma memória entre vários processos.*

Para exemplificar, veja como poderíamos carregar o conteúdo do modelo na memória compartilhada para que múltiplos processos PHP o acessem sem duplicar o consumo de RAM:

```
// Exemplo conceitual de uso do SHMOP
$system_id = 1234; // ID do recurso
$permissoes = 0644;
$tamanho = 1024 * 1024; // Reservar 1MB

// 1. Cria ou abre o bloco de memória
$shm_id = shmop_open($system_id, "c", $permissoes, $tamanho);

// 2. Escrita (feita apenas uma vez por um processo "carregador")
$modelo_binario = file_get_contents('modelo.net');
shmop_write($shm_id, $modelo_binario, 0);

// 3. Leitura (feita por todos os workers/requests)
// Em vez de ler do disco, lemos direto da RAM compartilhada
$tamanho_real = shmop_size($shm_id);
$dados_memoria = shmop_read($shm_id, 0, $tamanho_real);

// 4. Limpeza (quando não for mais necessário)
shmop_delete($shm_id);
```

Este recurso está mais detalhado, incluindo estratégias de semáforos para evitar *race condition*, no meu livro **"PHP Além das Abstrações"**.

Para fins de demonstração utilizaremos em linha de comando.

Linha de Montagem Inteligente

A nossa aplicação principal (`app/cli.php`) não é apenas um executor linear. Ela é um sistema que gerencia recursos e toma decisões de fluxo com base no feedback instantâneo de cada ferramenta.

Diferente de sistemas convencionais onde todos os dados passam por todos os processos, aqui nós desenhamos um funil eficiente. A lógica é simples: **rejeite cedo, processe menos**.

Em nosso script principal, temos um loop que lê cada linha do arquivo CSV e dispara o processamento individual para cada cliente. Perceba como a estrutura é limpa, focada em orquestrar a chamada da função `processar_cliente` :

```
[CSV IN]
   |
```

```
        v
  (Normalizar)
        |
        v
+------------+
| 1. FANN    | -> (Fraude?) -> [BLOQUEAR]
+------------+
        | (não)
        v
+------------+
| 2. RubixML | -> (Risco Alto?) -> [NEGAR]
+------------+
        | (não)
        v
+------------+
| 3. AHPd    | -> (Ranking) -> [DEFINIR PRODUTO]
+------------+
```

```
foreach ($linhas as $linha) {
    // ... parse das colunas ...

    [$res_fann, $res_rubix, $res_ahpd] = processar_cliente(
        id: $id,
        renda: $renda,
        divida: $divida,
        score: $score,
        tempo: $tempo,
        idade: $idade,
        modelo_fann: $net,
        modelo_rubix: $estimator
    );

    // ... imprime resultado ...
}
```

Ao submeter cada um desses clientes para a aplicação, temos o seguinte resultado:

```
>>> Iniciando Motor de Credito 360 <<<
[SYSTEM] Carregando modelos...
| ID   | FANN   | Rubix | Decisao                |
--------------------------------------------------
| 1001 | NORMAL | BOM   | OFERTA: GOLD/PLATINUM |
| 1002 | NORMAL | BOM   | OFERTA: SILVER        |
| 1003 | NORMAL | BOM   | OFERTA: SILVER        |
| 1004 | FRAUDE | BOM   | Bloqueio de Seguranca |
| 1005 | NORMAL | BOM   | OFERTA: SILVER        |
| 1006 | NORMAL | RUIM  | Negado por Risco      |
| 1007 | NORMAL | BOM   | OFERTA: GOLD/PLATINUM |
| 1008 | FRAUDE | BOM   | Bloqueio de Seguranca |
| 1009 | NORMAL | BOM   | OFERTA: GOLD/PLATINUM |
```

```
| 1010 | NORMAL | BOM    | OFERTA: GOLD/PLATINUM |

[SYSTEM] Processamento Concluido.
```

Vamos analisar como a função `processar_cliente` implementa cada etapa desse funil.

O Porteiro (FANN)

O primeiro ponto de contato não é o nosso analista de risco, mas sim o FANN. Por que? Porque ele é rápido. Extremamente rápido.

Se um pedido de crédito chega com características de fraude óbvia (como aquelas regras de lógica *XOR* que discutimos), não faz sentido desperdiçar ciclos de CPU carregando o motor estatístico pesado ou calculando matrizes de decisão multicritério. O porteiro simplesmente bate o olho e diz: *"Fora!"*.

No código, essa verificação é a primeira a ser feita após a normalização. Se o "score" devolvido pela rede neural indicar fraude, já temos o veredito inicial:

```
// 2. FANN (Seguranca)
$score_fann = FANN\inferir($modelo_fann, $dados_norm);
$classe_fann = FANN\classificar($score_fann);
```

Isso economiza recursos valiosos da infraestrutura. Em um cenário com milhões de requisições, evitar o processamento pesado de 20% ou 30% de pedidos inválidos representa uma economia gigantesca no final do mês.

O Analista (RubixML)

Em produção a chamada não chegaria ao Rubix se tiver indícios claros de fraude, mas no nosso exemplo didático iremos prosseguir para aproveitar o mesmo cliente e fazer sua análise de risco. Aqui a conversa é mais séria. Não estamos mais procurando o óbvio, estamos procurando sutilezas. O analista vai olhar o histórico, as tendências e calcular a probabilidade daquele cliente não pagar.

```
// 3. RubixML (Risco)
[$classe_rubix, $probs] = Rubix\inferir($modelo_rubix, $dados_norm);
```

Mais uma vez, em produção poderíamos encerrar aqui mesmo, se a análise for "ruim" não iremos oferecer nenhum produto de crédito. Não importa qual cartão aquele cliente "gostaria" de ter. Se ele não tem perfil para pagar, não há decisão de produto a ser tomada. Novamente, economizamos processamento da próxima etapa.

O Gerente (AHPd)

Somente os clientes aprovados pelo analista chegam ao topo da pirâmide. O Gerente (AHPd) não se preocupa mais com "se" vamos conceder crédito, mas sim "quanto" e "qual".

A lógica de decisão final consolida os pareceres anteriores. Veja como o código reflete exatamente essa hierarquia: só chamamos `decidir_oferta` se o porteiro (`is_safe`) e o analista (`is_good`) derem o ok.

```
// 4. Decisao (AHPd)
$decisao = "N/A (Reprovado)";
$is_safe = ($classe_fann === 'NORMAL'); // FANN OK?
$is_good = ($classe_rubix === 'bom');   // Rubix OK?

if ($is_safe && $is_good) {
    $decisao = decidir_oferta([
        'renda'    => $renda,
        'divida'   => $divida,
        'score'    => $score,
        'emprego'  => $tempo,
        'idade'    => $idade,
        'prob_bom' => $probs['bom'],
    ]);
} elseif (!$is_safe) {
    $decisao = "Bloqueio de Seguranca";
} elseif (!$is_good) {
    $decisao = "Negado por Risco";
}
```

A função `decidir_oferta` , por sua vez, realiza a comparação com os "Arquétipos de Sucesso" (Benchmarks). Ela recebe o ranking calculado pelo AHPd e aplica a regra de negócio para definir o produto (Gold, Silver, etc.):

```
function decidir_oferta(array $input_real): string
{
    $rank = AHPd\decidir_limite($input_real);

    // Identifica pontuacao do cliente e benchmarks
    $score_cli = $rank['Cliente Atual'] ?? 0;
    $score_gold = $rank['Benchmark Gold'] ?? 0;
    $score_silver = $rank['Benchmark Silver'] ?? 0;

    // Regra de Negocio: 90% do benchmark ja qualifica
    if ($score_cli >= $score_gold * 0.9) {
```

```
        return "OFERTA: GOLD/PLATINUM";
    }

    if ($score_cli >= $score_silver * 0.9) {
        return "OFERTA: SILVER";
    }

    return "OFERTA: BRONZE/CONST";
}
```

Ao olharmos para esse fluxo agora, fica claro o que precisamos construir nos próximos capítulos. Não estamos treinando uma rede neural "porque é legal". Estamos treinando-a para ser um *porteiro eficiente*. Não estamos configurando o RubixML "porque é moda". Estamos configurando-o para ser um *analista criterioso*.

O Tradutor (Normalização)

Você deve ter notado que no início da função `processar_cliente`, existe uma chamada para `normalizar`. Isso acontece antes mesmo do "Porteiro" entrar em ação.

```
// 1. Normalizacao
$dados_norm = normalizar(
    renda: $renda,
    divida: $divida,
    score: $score,
    tempo: $tempo,
    idade: $idade
);
```

Lembra que mencionei que Redes Neurais não gostam de números em escalas diferentes? A função `normalizar` é quem resolve esse problema. Ela pega os valores do "mundo real" (R$ 50.000,00, 30 anos, 900 pontos) e os traduz para a linguagem da máquina: números entre 0.0 e 1.0.

> ***Por que normalizar?*** *Imagine uma balança onde um lado pesa em toneladas e outro em gramas — o lado das toneladas sempre "vence" pois os números são muito maiores. Sem normalização, uma renda de 50.000 "gritaria mais alto" que uma idade de 35, e a rede acharia que renda é mil vezes mais importante. Normalização coloca tudo na mesma escala, permitindo que o modelo avalie a importância real de cada variável.*

```
/**
 * Normaliza os dados brutos para o intervalo 0.0 - 1.0
 */
function normalizar(
    float $renda,
    float $divida,
    float $score,
    float $tempo,
    float $idade
): array {
    return [
        min($renda / 50000, 1.0),    // Renda teto 50k
        min($divida / 200000, 1.0), // Divida teto 200k
        $score / 1000,               // Score max 1000
        min($tempo / 480, 1.0),      // Tempo max 40 anos
        min($idade / 100, 1.0),      // Idade max 100
    ];
}
```

Perceba que estabelecemos "tetos". Se alguém ganha mais de 50 mil, para a nossa IA será tratado como 1.0 (o máximo). Isso evita que um outlier (alguém ganhando 1 milhão) desbalanceie todo o cálculo matemático dos neurônios.

Por exemplo, vamos supor que temos um cliente com renda de **3mil**, o valor normalizado dele com esse nosso teto de **50mil** será então: **0,06**. Ao passo que alguém que ganhe **80mil** teria um valor de **1**, pois segundo a regra definida qualquer coisa acima de **50mil** é compreendido como **1**.

> ***Nota:*** *Não custa relembrar que não existe uma fórmula pronta, os valores a serem definidos como limites, ou como os algoritmos vão "entender" quando é um cenário ou outro, depende diretamente do programador conhecer o domínio do negócio, de compreender* ***exatamente*** *qual é o objetivo com os algoritmos que está implementando.*
> *E não menos importante, de muita experimentação. Raramente, para não falar nunca, você conseguirá definir os melhores parâmetros na primeira tentativa.*

Inicialização

Por fim, temos o código que roda *antes* de processarmos qualquer cliente.

Seria extremamente ineficiente carregar a rede neural do disco para a memória a cada cliente processado. Imagine ler um arquivo do disco 10 mil vezes por segundo? Impraticável.

Por isso, fazemos o carregamento dos modelos na fase de inicialização do script, mantendo-os na memória RAM prontos para uso imediato.

```
// === FASE DE INICIALIZACAO ===

echo ">>> Iniciando Motor de Credito 360 <<<\n";
echo "[SYSTEM] Carregando modelos...\n";

try {
    $path_fann = $root . '/models/fann/credit_fraud.net';
    $path_rubix = $root . '/models/rubixml/credit_risk.rbx';

    $net = FANN\carregar_modelo($path_fann);
    $estimator = Rubix\carregar_modelo($path_rubix);
} catch (Exception $e) {
    die("[FATAL] Erro ao carregar modelos: " . $e->getMessage() . "\n");
}
```

E ao final de tudo, como boa prática em relação memória do servidor, limpamos o que for necessário. O PHP cuida da maioria das coisas, mas bibliotecas C (como a FANN) às vezes precisam de um empurrãozinho explícito para liberar recursos do sistema operacional:

```
fann_destroy($net);
echo "\n[SYSTEM] Processamento Concluido.\n";
```

Os códigos estarão todos completos no repositório do material de apoio, porém para evitar qualquer problema segue o clódigo abaixo.

Código completo: `app/cli.php`

```
#!/usr/bin/env php
<?php

/**
 * Motor de Credito 360 - Pipeline de Inferencia
 *
 * Orquestra a decisao de credito integrando:
 * 1. FANN (Seguranca/Fraude)
 * 2. RubixML (Analise de Risco)
```

```php
 * 3. AHPd (Decisao de Produto)
 */

declare(strict_types=1);

// Resolve o path raiz do projeto (caminho: projeto/)
// Exemplo de uso de dirname com nivel 2 (app -> projeto)
$root = dirname(__FILE__, 2);

require_once $root . '/src/rubixml/vendor/autoload.php';
require_once $root . '/src/fann/inferir.php';
require_once $root . '/src/rubixml/inferir.php';
require_once $root . '/src/ahpd/decidir.php';

use App\FANN;
use App\Rubix;
use App\AHPd;

/**
 * Normaliza os dados brutos para o intervalo 0.0 - 1.0
 */
function normalizar(
    float $renda,
    float $divida,
    float $score,
    float $tempo,
    float $idade
): array {
    return [
        min($renda / 50000, 1.0),    // Renda teto 50k
        min($divida / 200000, 1.0), // Divida teto 200k
        $score / 1000,               // Score max 1000
        min($tempo / 480, 1.0),      // Tempo max 40 anos
        min($idade / 100, 1.0),      // Idade max 100
    ];
}

/**
 * Executa a lógica de decisão do AHPd para clientes aprovados
 */
function decidir_oferta(array $input_real): string
{
    $rank = AHPd\decidir_limite($input_real);

    // Identifica pontuacao do cliente e benchmarks
    $score_cli = $rank['Cliente Atual'] ?? 0;
    $score_gold = $rank['Benchmark Gold'] ?? 0;
    $score_silver = $rank['Benchmark Silver'] ?? 0;

    // Regra de Negocio: 90% do benchmark ja qualifica
    if ($score_cli >= $score_gold * 0.9) {
        return "OFERTA: GOLD/PLATINUM";
    }
```

```
    if ($score_cli >= $score_silver * 0.9) {
        return "OFERTA: SILVER";
    }

    return "OFERTA: BRONZE/CONST";
}

/**
 * Processa um unico cliente através da pipeline
 */
function processar_cliente(
    string $id,
    float $renda,
    float $divida,
    float $score,
    float $tempo,
    float $idade,
    $modelo_fann,
    $modelo_rubix
): array {
    // 1. Normalizacao
    $dados_norm = normalizar(
        renda: $renda,
        divida: $divida,
        score: $score,
        tempo: $tempo,
        idade: $idade
    );

    // 2. FANN (Seguranca)
    $score_fann = FANN\inferir($modelo_fann, $dados_norm);
    $classe_fann = FANN\classificar($score_fann);

    // 3. RubixML (Risco)
    [$classe_rubix, $probs] = Rubix\inferir($modelo_rubix, $dados_norm);

    // 4. Decisao (AHPd)
    $decisao = "N/A (Reprovado)";
    $is_safe = ($classe_fann === 'NORMAL'); // FANN OK?
    $is_good = ($classe_rubix === 'bom');   // Rubix OK?

    if ($is_safe && $is_good) {
        $decisao = decidir_oferta([
            'renda'    => $renda,
            'divida'   => $divida,
            'score'    => $score,
            'emprego'  => $tempo,
            'idade'    => $idade,
            'prob_bom' => $probs['bom'],
        ]);
    } elseif (!$is_safe) {
        $decisao = "Bloqueio de Seguranca";
    } elseif (!$is_good) {
        $decisao = "Negado por Risco";
```

```
    }

    return [$classe_fann, $classe_rubix, $decisao];
}

// === FASE DE INICIALIZACAO ===

echo ">>> Iniciando Motor de Credito 360 <<<\n";
echo "[SYSTEM] Carregando modelos...\n";

try {
    $path_fann = $root . '/models/fann/credit_fraud.net';
    $path_rubix = $root . '/models/rubixml/credit_risk.rbx';

    $net = FANN\carregar_modelo($path_fann);
    $estimator = Rubix\carregar_modelo($path_rubix);
} catch (Exception $e) {
    die("[FATAL] Erro ao carregar modelos: " . $e->getMessage() . "\n");
}

// === FASE DE EXECUCAO ===

$csv_path = __DIR__ . '/clientes.csv';
if (!file_exists($csv_path)) {
    die("[FATAL] CSV nao encontrado: $csv_path\n");
}

$linhas = file($csv_path, FILE_IGNORE_NEW_LINES | FILE_SKIP_EMPTY_LINES);
array_shift($linhas); // Remove cabecalho

// Setup da Tabela de Saida
$mask = "| %-6s | %-12s | %-12s | %-30s |\n";
printf(
    $mask,
    "ID", "FANN", "Rubix", "Decisao"
);
echo str_repeat('-', 105) . "\n";

foreach ($linhas as $linha) {
    $cols = explode(';', $linha);
    if (count($cols) < 6) continue;

    $id     = $cols[0];
    $renda  = (float)$cols[1];
    $divida = (float)$cols[2];
    $score  = (float)$cols[3];
    $tempo  = (float)$cols[4];
    $idade  = (float)$cols[5];

    [$res_fann, $res_rubix, $res_ahpd] = processar_cliente(
        id: $id,
        renda: $renda,
        divida: $divida,
        score: $score,
```

```
            tempo: $tempo,
            idade: $idade,
            modelo_fann: $net,
            modelo_rubix: $estimator
        );

        printf(
            $mask,
            $id,
            $res_fann,
            strtoupper($res_rubix),
            $res_ahpd
        );
}

fann_destroy($net);
echo "\n[SYSTEM] Processamento Concluido.\n";
```

Com isso encerramos as explicações de como a inferência é feita, como tratamos os dados antes de passar aos modelos, e como carregamos os modelos já salvos.

Provavelmente você está se perguntando:

- "como exatamente esses arquivos de modelo são criados e salvos?"
- "se os modelos só recebem valores entre **0** e **1**, o que eles repondem em uma inferência?"
- "como eu sei se o modelo realmente aprendeu?"
- etc

Vamos visitar cada uma dessas questões nos próximos capítulos.

Conceitos Fundamentais de IA e Machine Learning

Antes de mergulharmos no código de treinamento e na configuração de cada ferramenta, precisamos alinhar nosso vocabulário. Este capítulo serve como um **glossário prático** — definições curtas e diretas dos conceitos que você encontrará nos próximos capítulos.

Se você já conhece esses termos, sinta-se à vontade para pular direto para o próximo capítulo. Mas se a última vez que você ouviu falar de "rede neural" foi em um filme de ficção científica, esse conteúdo é essencial.

O Que é Inteligência Artificial?

Inteligência Artificial (IA) é um termo guarda-chuva que engloba qualquer sistema computacional capaz de realizar tarefas que normalmente exigiriam inteligência humana: reconhecer padrões, tomar decisões, prever resultados.

Dentro desse guarda-chuva, existem diferentes abordagens:

- **Sistemas Baseados em Regras:** O programador codifica manualmente as regras (`if score > 700 then aprovado`). Simples, mas inflexível.
- **Machine Learning:** O sistema aprende as regras a partir dos dados, sem programação explícita.
- **Deep Learning:** Um subconjunto de ML que usa redes neurais profundas (muitas camadas).
- **IA Generativa:** Modelos que criam conteúdo novo (texto, imagem, código). ChatGPT, DALL-E e similares.

Neste livro, focaremos em **Machine Learning tradicional** — modelos que aprendem padrões a partir de dados tabulares (planilhas, CSVs, tabelas de banco de dados). É a forma mais aplicável para problemas de negócio típicos: análise de crédito, detecção de fraude, recomendação de produtos.

O Que é Machine Learning?

Machine Learning (Aprendizado de Máquina) é uma técnica onde algoritmos aprendem padrões a partir de **dados históricos**, sem serem programados explicitamente para cada regra.

Em vez de escrever centenas de `if/else` para cobrir cada cenário possível, você:

1. Coleta exemplos do passado (dados de clientes que pagaram vs. não pagaram).
2. Alimenta esses exemplos em um algoritmo.
3. O algoritmo "descobre" as regras sozinho.
4. Você usa essas regras para prever novos casos.

```
PROGRAMAÇÃO TRADICIONAL
─────────────────────────
Dados + Regras → Resultado
(você escreve as regras)

MACHINE LEARNING
─────────────────────────
Dados + Resultados → Regras
(o algoritmo descobre as regras)
```

A vantagem é escalabilidade: em vez de um especialista humano analisar cada cliente, o modelo faz isso automaticamente em milissegundos.

Aprendizado Supervisionado vs. Não-Supervisionado

Existem duas grandes categorias de Machine Learning:

Aprendizado Supervisionado (Supervised Learning)

Você fornece ao modelo **exemplos rotulados**: cada entrada vem acompanhada da **resposta correta**.

```
| Renda | Dívida | Score | → | Resultado |
|-------|--------|-------|---|-----------|
| 5000  | 1000   | 800   |   | bom       |
| 2000  | 8000   | 300   |   | ruim      |
```

É como ensinar uma criança com ilustrações: "isto é um cachorro", "isto é um gato". Depois de ver milhares de exemplos, o modelo aprende a classificar novos casos sozinho.

Aprendizado Não-Supervisionado (Unsupervised Learning)

O modelo recebe apenas os dados, **sem respostas**. Ele precisa encontrar padrões por conta própria.

Exemplo: você tem mil clientes e quer agrupá-los em "perfis". O modelo analisa os dados e descobre: "Esses 300 clientes parecem similares (jovens, renda baixa, compram parcelado). Esses 200 são diferentes (mais velhos, renda alta, pagam à vista)."

Neste livro, usaremos exclusivamente **Aprendizado Supervisionado** — temos as respostas certas (bom/ruim, fraude/normal) e queremos que o modelo aprenda a reproduzí-las.

Característica	Aprendizado Supervisionado	Aprendizado Não-Supervisionado
Dados	Rotulados (Pergunta + Resposta)	Não-Rotulados (Apenas Perguntas)
Objetivo	Previsão / Classificação	Agrupamento / Associação
Feedback	Direto ("Você errou, era X")	Indireto ("Isso parece pertencer a este grupo")
Exemplo	Risco de Crédito, Fraude	Segmentação de Marketing, Recomendação

O Que é uma Rede Neural?

Uma **Rede Neural Artificial** é um modelo matemático inspirado (muito vagamente) no cérebro humano. Ela é composta por **neurônios artificiais** — equações matemáticas simples — organizados em **camadas**.

```
   CAMADA DE          CAMADAS          CAMADA DE
   ENTRADA            OCULTAS            SAÍDA
      |                  |                  |
      ▼                  ▼                  ▼
   ┌─────┐           ┌─────┐           ┌─────┐
   │  o  │ ────────> │  o  │ ────────> │     │
   │  o  │ ────────> │  o  │ ────────> │     │
   │  o  │ ────────> │  o  │ ────────> │     │
   │  o  │ ────────> │  o  │ ────────> │  o  │
   │  o  │ ────────> │  o  │ ────────> │     │
   └─────┘           │  o  │ ────────> │     │
                     │  o  │ ────────> │     │
                     │  o  │ ────────> │     │
                     └─────┘           └─────┘

  5 entradas        8 neurônios        1 saída
  (features)         (hidden)        (resultado)
```

Cada neurônio faz uma operação simples:

1. **Recebe valores** de entrada (ou de neurônios anteriores).
2. **Multiplica** cada valor por um **peso** (um número que define a importância).
3. **Soma** tudo.
4. Passa pela **função de ativação** (que decide se o neurônio "dispara" ou não).

A "inteligência" da rede está nos **pesos** — números que são ajustados durante o treinamento até que a rede produza as respostas corretas.

Glossário de Termos

Features (Características)

Features são as variáveis de entrada que o modelo usa para aprender padrões. No nosso projeto de crédito, as features são:

- Renda
- Dívida
- Score
- Tempo de Emprego
- Idade

Escolher boas features é mais importante que escolher o algoritmo — se os dados não tiverem poder preditivo, **nenhum modelo fará milagre**. O grande segredo **é utilizar dados de qualidade**.

Target (Alvo/Rótulo)

O **target** é a resposta que queremos prever. No aprendizado supervisionado, fornecemos o target durante o treinamento para que o modelo aprenda.

- Para FANN: target é `0` (fraude) ou `1` (normal).
- Para RubixML: target é `bom` ou `ruim`.

Topologia

Topologia de uma rede neural define sua estrutura: quantas camadas existem e quantos neurônios cada camada possui.

Exemplo: `[5, 8, 4, 1]` significa:

- 5 neurônios de entrada (as 5 features)
- 8 neurônios na primeira camada oculta
- 4 neurônios na segunda camada oculta
- 1 neurônio de saída (a resposta)

A escolha da topologia afeta a capacidade de aprendizado: redes maiores podem aprender padrões mais complexos, mas também são mais propensas a decorar os dados (overfitting).

Pesos (Weights)

Pesos são os números que a rede neural "aprende". Cada conexão entre neurônios tem um peso associado.

- Peso alto (positivo): essa conexão é **importante** para a decisão.
- Peso alto (negativo): essa conexão **reduz** a ativação.
- Peso próximo de zero: essa conexão é **irrelevante**.

O treinamento consiste em ajustar milhares de pesos até que a rede produza respostas corretas.

Épocas (Epochs)

Uma **época** é uma passada completa por todos os dados de treinamento.

Se você tem 10.000 exemplos, uma época significa que a rede viu todos os 10.000 uma vez. Normalmente precisamos de centenas ou milhares de épocas — a rede refina os pesos um pouco a cada passada.

```
Época 1:    MSE = 0.25    (rede ainda está aprendendo)
Época 100:  MSE = 0.10    (melhorando)
Época 500:  MSE = 0.05    (convergindo)
Época 1000: MSE = 0.049   (estabilizou - parar aqui)
```

Learning Rate (Taxa de Aprendizado)

O **Learning Rate** controla o tamanho do "passo" que a rede dá ao ajustar os pesos.

- **Valor alto** (0.9): Aprende rápido, mas pode "pular" a solução ideal.
- **Valor baixo** (0.001): Mais preciso, mas demora muito.

É como descer uma montanha:

- Passos grandes chegam rápido, mas podem rolar ladeira abaixo.
- Passos pequenos são seguros, mas demorados.

O algoritmo RPROP (usado pela FANN por padrão) resolve isso automaticamente: cada peso tem seu próprio "passo" de ajuste.

Hiperparâmetros

Hiperparâmetros são configurações que você define *antes* do treinamento:

- Número de neurônios ocultos
- Número de épocas

- Learning rate
- Profundidade da árvore (para Random Forest)
- Número de árvores na floresta

Diferente dos **pesos** (que o modelo aprende sozinho), os hiperparâmetros precisam ser escolhidos pelo desenvolvedor. Encontrar os melhores hiperparâmetros é uma mistura de experiência, experimentação e ferramentas como Grid Search.

Overfitting (Sobreajuste)

Overfitting acontece quando o modelo fica "bom demais" nos dados de treino – mas "bom demais" aqui é péssimo.

Em vez de aprender o padrão geral, o modelo **decora** as respostas específicas. É como um aluno que decora as questões da prova em vez de entender a matéria.

```
             TREINO  TESTE (dados novos)
            ┌───┐          ┌───┐
Modelo A    │95%│          │90%│  ← Generalizou bem
            └───┘          └───┘
            ┌───┐          ┌───┐
Modelo B    │99%│          │60%│  ← Overfit! Decorou o treino
            └───┘          └───┘
```

Para combater overfitting: adicione ruído aos dados, use técnicas de regularização, ou simplifique o modelo.

Cross-Validation (Validação Cruzada)

Cross-Validation é uma técnica para avaliar modelos de forma mais robusta.

Em vez de separar os dados uma vez em treino/teste, você divide em K partes (por exemplo, 5):

```
Fold 1: [TESTE] [Treino] [Treino] [Treino] [Treino]
Fold 2: [Treino] [TESTE] [Treino] [Treino] [Treino]
Fold 3: [Treino] [Treino] [TESTE] [Treino] [Treino]
...e assim por diante
```

Treina 5 vezes, cada vez usando uma parte diferente como teste. A média das 5 acurácias é mais confiável que um único teste.

Batch Size (Tamanho do Lote)

Batch Size define quantas amostras são processadas antes de atualizar os pesos da rede.

- **Batch Size = 1:** Atualiza os pesos a cada amostra individual. Muito instável, mas reage rápido.
- **Batch Size = 32:** Processa 32 amostras, calcula o erro médio, depois atualiza. Mais estável.
- **Batch Size = Total:** Processa todo o dataset antes de atualizar. Muito estável, mas lento.

Na prática, valores entre 16 e 128 funcionam bem para a maioria dos problemas. É um dos hiperparâmetros que você pode ajustar para melhorar o treinamento.

Função de Perda (Loss Function)

A **Função de Perda** mede o quão errado o modelo está. É a "nota da prova" que o algoritmo de treinamento tenta melhorar.

Exemplos comuns:

- **MSE (Mean Square Error):** Média do erro ao quadrado. Usado para problemas de regressão e classificação binária.
- **Cross-Entropy:** Mede a diferença entre duas distribuições de probabilidade. Comum em classificação multiclasse.

O objetivo do treinamento é **minimizar** a função de perda. Quanto menor o valor, melhor o modelo está performando.

Gradiente

O **Gradiente** `∇L` indica a direção em que a função de perda **aumenta** mais rapidamente. Matematicamente, é o vetor das derivadas parciais da perda em relação a cada parâmetro.

Conceito chave: O gradiente aponta na direção que faria a perda CRESCER, mas nós queremos que ela DIMINUA.

Durante o treinamento, usamos o **Gradiente Descendente** (Gradient Descent) — atualizamos os pesos na direção *oposta* ao gradiente:

w_novo = w_antigo - α × ∇L

Onde α é a taxa de aprendizado (learning rate).

Analogia: Imagine uma bola em uma superfície curva. O gradiente aponta "morro acima" (onde a altitude aumenta), mas queremos rolar "morro abaixo" (onde a altitude diminui) para encontrar o vale (mínimo da perda).

```
    Função Loss (Perda)
       ↑      ^
       |     / \
       |    /   \          Ponto A: gradiente negativo (←)
       |   /     \                  descemos para direita (→)
       |  /   *   \
       | / mínimo  \       Ponto B: gradiente positivo (→)
       |/___________\               descemos para esquerda (←)
       └─────────────→ Pesos (w)
```

Como funciona na prática:

- Se o gradiente é positivo → diminuímos o peso
- Se o gradiente é negativo → aumentamos o peso
- Em ambos os casos, nos aproximamos do mínimo

O **backpropagation** calcula esse gradiente eficientemente para cada peso da rede, propagando o erro da saída até a entrada. O otimizador (como SGD ou Adam) então usa esses gradientes para atualizar os pesos.

A Pipeline de Machine Learning

Um projeto de ML não é apenas "treinar o modelo". É um processo completo com várias etapas:

```
PIPELINE DE MACHINE LEARNING

1. COLETA          2. PREPARAÇÃO       3. TREINAMENTO      4. VALIDAÇÃO
─────────          ─────────────       ──────────────      ────────────
• Dados brutos     • Limpeza           • Escolha do        • Métricas
• APIs externas    • Normalização        algoritmo         • Teste em
• Logs do          • Feature           • Ajuste de           dados
  sistema            engineering         hiperparâmetros     novos

5. DEPLOY          6. MONITORAMENTO    7. RETREINO
─────────          ────────────────    ───────────
• Modelo em        • Performance em    • Dados novos
  produção           produção          • Drift detection
• Inferência       • Alertas           • Atualização
  em tempo real                          periódica
```

Neste livro, cobrimos as etapas 1-5. As etapas 6-7 (monitoramento e retreino) são práticas de **MLOps** que mencionaremos brevemente.

MLOps: Operações de Machine Learning

MLOps é a disciplina que cuida do ciclo de vida completo de modelos de ML em produção. Assim como DevOps automatiza o deploy de software, MLOps automatiza o deploy e manutenção de modelos.

Conceitos importantes:

Versionamento de Modelos

Assim como você versiona código (Git), você deve versionar modelos. Cada modelo treinado deve ter:

- Data de treinamento
- Dataset utilizado
- Hiperparâmetros
- Métricas de performance
- Código que o gerou

Isso permite reverter para versões anteriores se algo der errado em produção.

Golden Dataset

Um **golden dataset** é um conjunto de dados de validação que **nunca mudam**. Novos modelos são promovidos para produção apenas se superarem a performance do modelo atual nesse dataset específico.

Isso garante comparações justas: você está sempre medindo com a mesma régua.

Drift Detection

Com o tempo, os padrões do mundo real mudam. Clientes de 2024 se comportam diferente de clientes de 2020. O modelo pode perder performance gradualmente.

Drift detection monitora se as previsões do modelo ainda estão alinhadas com a realidade, alertando quando é hora de retreinar.

Quando Usar Cada Ferramenta

Uma dúvida comum: "Qual algoritmo devo usar para meu problema?"

Aqui está um guia prático:

Problema	Ferramenta Sugerida	Por quê
Detecção de padrões em tempo real	FANN	Baixíssima latência, código C compilado
Classificação com explicabilidade	Random Forest (RubixML)	Fácil de entender, robusto
Ranking multicritério	AHPd	Ponderação objetiva, auditável
Dados de imagem/áudio/texto	Frameworks especializados	Requer deep learning (fora do escopo)

Para **dados tabulares** (planilhas, CSVs, tabelas de banco de dados) — que representam 90% dos problemas de negócio — as ferramentas deste livro são mais que suficientes.

Conclusão

Com esse vocabulário alinhado, os próximos capítulos farão muito mais sentido. Você não precisa decorar tudo isso agora — use este capítulo como referência sempre que encontrar um termo desconhecido.

Lembre-se: o objetivo não é você se tornar um cientista de dados. É você entender o suficiente para implementar soluções práticas de IA em PHP, sabendo quando cada ferramenta é apropriada e como avaliar se está funcionando corretamente.

No próximo capítulo, vamos preparar os dados que alimentarão nossos modelos.

Engenharia de Dados

Se você já tentou aprender IA antes, provavelmente já ouviu o velho ditado: *"Garbage in, garbage out"* (Lixo entra, lixo sai). E por mais clichê que seja, é a mais pura verdade.

Não importa se você está usando a rede neural mais avançada do mercado ou um script em PHP rodando num Raspberry Pi. Se os dados que alimentam o modelo forem ruins, o resultado será inútil.

Se eu te entregasse um carro de Fórmula 1 agora, mas o tanque estivesse cheio de suco de laranja em vez de gasolina de alta octanagem, ele não funcionaria.

Com Inteligência Artificial é a mesma coisa. O algoritmo mais sofisticado do mundo não serve para nada se for alimentado com dados ruins. No capítulo anterior, vimos o fim da linha: a inferência. Agora, precisamos dar um passo atrás e entender de onde vêm os dados que tornaram aquele resultado possível.

Neste capítulo, vamos resolver dois problemas: **Coleta** (ou Geração) e **Normalização**.

Dataset "Real"

Para este projeto, geramos os dados de forma sintética contendo o histórico financeiro de milhares de clientes.

Isso foi feito para simularmos um ambiente controlado, mas altamente verossímil. Em um banco real, uma tabela de clientes teria facilmente mais de 200 colunas (endereço, nome da mãe, CEP, histórico de compras, IPs de acesso, etc). Porém, a maioria desses dados é "ruído" ou exige um tratamento prévio massivo.

Optamos por simplificar a complexidade do mundo real em **5 características** para análise de crédito. Se você perguntar a qualquer gerente de banco o que ele olha antes de emprestar dinheiro, ele dirá variações destas cinco perguntas:

1. **Capacidade (Renda):** Quanto dinheiro entra?
2. **Comprometimento (Dívida):** Quanto dinheiro já sai antes de chegar na mão dele?
3. **Histórico (Score):** Como ele se comportou no passado com outros credores?

4. **Estabilidade (Tempo de Emprego):** Qual a garantia de que a renda vai continuar entrando?
5. **Maturidade (Idade):** Qual o momento de vida dessa pessoa?

Ao focar nestes 5 pilares, conseguimos criar modelos matematicamente robustos sem nos perdermos em limpeza de dados infinita.

A vantagem de usar dados sintéticos é que o dataset é 100% replicável. Você não precisa baixar gigabytes de dados de um bucket S3 misterioso. No material de apoio há um script php chamado `tools/gerar_sintetico.php`, por padrão ele gera 10mil registros.

Vamos dar uma olhada nas primeiras linhas para entender com o que estamos lidando:

Renda	Dívida	Score	Emprego (meses)	Idade	target_fann	Classe
6375	56154	927	431	54	1	bom
30071	110842	478	314	58	1	bom
27528	154686	767	0	18	0	ruim
24881	137311	323	5	61	0	ruim
19186	91548	103	109	32	1	ruim

Perceba que temos nossas 5 *features* de entrada: **Renda**, **Dívida**, **Score**, **Emprego** e **Idade**.

Mas temos duas colunas extras no final:

1. Uma coluna **target_fann** servirá para treinarmos a rede FANN, nele indicamos se é uma fraude com 0 ou legítimo com 1.
2. A coluna **Classe** ("bom" ou "ruim"), que é o nosso gabarito para treinar o RubixML.

> ***Nota:*** *Perceba a disparidade de escalas. A renda está na casa dos milhares (30071), o score na casa das centenas (478) e a idade na casa das dezenas (58). Redes Neurais odeiam isso. Se jogarmos esses dados crus na FANN, a coluna "Dívida" (que tem os maiores números) vai "gritar" mais alto que as outras e distorcer o aprendizado. Por isso, a normalização será obrigatória.*

Outro detalhe sobre esse dataset, é que por ser um gerador controlado podemos emular qualquer cenário do mundo real. Por exemplo, o **cientista de dados** da nossa empresa nos informa as características obervadas no problema que pretendemos atacar (ou nós mesmos podemos descobrir através de uma análise exploratória). Que os dados possuem cerca de **35%** em determinada faixa etária, que **25%** dos que tem entre **23-29 anos** possuem um score entre 300 e 450, etc.

Trabalhar com dados sintéticos é a melhor maneira de simular um cenário específico, e com um volume grande de exemplos. Muitas vezes não é possível ter uma quantidade considerável de dados reais para alguns casos específicos, então para treinar o modelo podemos replicar as proporções obervadas nas informações que já temos, mas em uma escala bem grande.

Outra vantagem é que os dados já podem *"nascer limpos"*, ou seja, não precisamos aplicar técnicas de **ETL (Extração Transformação e Carga)**. No mundo real precisaríamos, por exemplo:

- Calcular a idade atual com base na data de nascimento
- Remover símbolos, separadores e centavos dos valores monetários
- Consumir uma API externa para consultar o score de crédito em outras plataformas
- etc

Pipeline "Top-Down"

Antes de escrevermos uma linha de código, precisamos visualizar o fluxo. Não estamos fazendo um script que "lê, processa e cospe". Estamos construindo uma **Pipeline de Decisão**.

O fluxo de dados do nosso projeto funcionará como uma linha de montagem industrial. O dado bruto entra, é refinado (normalizado), passa por controles de qualidade (FANN), análise técnica (RubixML) e finalmente recebe o carimbo da gerência (AHPd).

Aqui está o mapa do tesouro:

```
+----------------------+
|   DADOS BRUTOS       |   (dados_brutos.txt) ---------------------+
+----------+-----------+                                           |
           |                                                       |
           v                                                       |
+----------------------+                                           |
| NORMALIZADOR (PHP)   |   (Transforma tudo para 0.0 - 1.0)        |
+----------+-----------+                                           |
           |                                                       |
           +--------------------------------------+                |
           |                                      |                |
           v                                      v                |
+----------------------+               +----------------------+    |
| TREINAMENTO (Train)  |               | INFERÊNCIA (Prod)    |    |
+----------+-----------+               +----------+-----------+    |
           |                                      |                |
       +--------+                       +---------+                |
       |        |                       |         |                |
       v        v                       v         v                |
     +----+   +-----+                +----+     +-----+    +----+   |
     |FANN|   |Rubix|                |FANN| ->  |Rubix| -> |AHPd| <-+
     +----+   +-----+                +----+     +-----+    +----+
       |        |                       |         |          |
       v        v                       |         |          |
Modelos Salvos (.net, .rbx)             |         |          |
           ^                            +---------+----------+
           |                                      |
           +--------------------------------------+
                                                  |
                                                  v
                                          +---------------+
                                          | DECISÃO FINAL |
                                          +---------------+
```

Perceba a divisão clara entre **Treinamento** e **Inferência**.

Treinamento: É o momento de "estudar". Usamos os gabaritos para ensinar a FANN e o RubixML. O AHPd não precisa de treino (ele é *Data Driven*), mas precisa ser calibrado com os arquétipos.

Inferência: É o momento da "prova". Chega um cliente novo (sem o gabarito "bom"/"ruim") e nossos modelos precisam se virar para dizer se ele é confiável e quanto crédito merece.

Um detalhe curioso no driagrama acima, é que o **AHPd** não recebe os dados normalizados, pois ele foi projetado para lidar com os dados **brutos**, ou seja, as informações no estado em que se encontram. Já mencionamos no início do livro que o AHPd não é inteligência artificial, ele é um algoritmo de **tomada de decisão**. Isso ficará mais claro no decorrer do livro.

Geração de Dados Sintéticos (Na Prática)

No mundo ideal, você pegaria o backup do banco de dados de produção da sua empresa, anonimizaria os nomes e teria milhões de registros reais para treinar seu modelo. No mundo real, porém:

1. Você provavelmente não tem permissão para acessar esses dados em desenvolvimento;
2. Os dados reais são "sujos" (campos nulos, erros de digitação, formatos inconsistentes);
3. Você talvez nem tenha clientes suficientes ainda para capturar certos padrões raros (como fraudes específicas).

Por isso, a técnica que estamos utilizando de **Dados Sintéticos** é tão poderosa.

Ao criar nossos próprios dados, temos controle absoluto sobre as regras que regem aquele dataset. Podemos garantir que teremos 50% de bons pagadores e 50% de maus pagadores (balanceamento), ou forçar regras lógicas para testar se a IA é capaz de aprendê-las.

O Gerador

Criamos um script que gera os dados de nossos "clientes". Ele não apenas sorteia números aleatórios, ele define padrões nos dados.

Dê uma olhada em como geramos os atributos básicos no arquivo `tools/gerar_sintetico.php`:

```
// 1. Gerar Features Aleatórias
$renda = mt_rand(1500, 50000);
$divida = mt_rand(0, $renda * 10); // Dívida até 10x a renda
$score_ext = mt_rand(100, 1000);
$idade = mt_rand(18, 70);

// Correlação: Idade maior tende a ter mais tempo de emprego
$max_emprego = ($idade - 18) * 12;
$tempo_emprego_meses = mt_rand(0, min($max_emprego, 480));
```

Perceba que já impusemos uma regra lógica simples aqui: o tempo de emprego nunca pode ser maior que a "vida útil" de trabalho da pessoa (Idade - 18 anos). Se gerássemos dados totalmente aleatórios, teríamos pessoas de 18 anos com 20 anos de experiência, o que confundiria o modelo.

Ensinando o "Gabarito" (Aprendizado Supervisionado)

Mas gerar os números é a parte fácil. A parte realmente importante é como definimos quem é FRAUDE e quem é BOM PAGADOR.

Como utilizaremos algoritmos de **Aprendizado Supervisionado** (Supervised Learning), precisamos fornecer ao modelo não apenas a pergunta (renda, idade, etc), mas também a resposta correta (fraude ou não fraude). É assim que ele aprende: mostrando milhares de exemplos rotulados, até que o modelo consiga identificar os padrões que diferenciam uma classe da outra.

Para o **FANN**, criamos uma regra lógica rígida para definir o que é fraude, mas adicionamos um tempero essencial: **Ruído**.

```
// Regra XOR de Fraude: Rico sem histórico é suspeito
$fraud = ($is_rich && $no_history);

// Adiciona 5% de ruído (fraudes que parecem normais e vice-versa)
if (mt_rand(0, 100) < 5) {
    $fraud = !$fraud;
}
```

Por Que Adicionar Ruído? O Perigo do Overfitting

Aqui está o pulo do gato: se os dados fossem 100% perfeitos matematicamente, a rede neural cairia em uma armadilha chamada **overfitting** (sobreajuste).

O overfitting acontece quando o modelo se torna *bom demais* nos dados de treino — mas "bom demais" aqui é péssimo. Em vez de aprender o **conceito geral** de fraude, o modelo simplesmente **decora** as respostas específicas do conjunto de treinamento, como um aluno que cola na prova decorando as questões exatas em vez de entender a matéria.

Quando esse modelo encontra dados novos, ligeiramente diferentes dos que viu no treino (e no mundo real, *todos* os dados são diferentes), ele falha miseravelmente. É como se ele tivesse criado uma regra ultra-específica: "toda pessoa com exatamente R$ 12.547,89 de renda, 42 anos e score 720 é fraude". Isso até funciona para aquele caso exato, mas é completamente inútil para generalizar.

O Ruído Como Antídoto

Ao adicionar 5% de exceções que não fazem sentido lógico — casos de fraude que parecem normais e casos normais que parecem fraude — forçamos a rede a fazer algo muito mais inteligente: **aprender o padrão predominante** em vez de decorar uma fórmula rígida.

Isso cria uma certa "tolerância à incerteza". A rede aprende que, embora a combinação "rico + sem histórico" seja *geralmente* suspeita, nem sempre é assim. Ela precisa olhar para o contexto mais amplo, para a tendência estatística, para a probabilidade — não para uma regra inflexível.

No mundo real, dados nunca são perfeitos. Há erros de digitação, informações desatualizadas, comportamentos humanos imprevisíveis, e até mesmo fraudes sofisticadas que se disfarçam de clientes legítimos. Um modelo que espera perfeição é frágil. Um modelo treinado com ruído é **robusto**: ele aprende a generalizar, a lidar com o inesperado, a acertar a maioria dos casos mesmo quando há incerteza ou dados imperfeitos.

O Equilíbrio Entre Viés e Variância

Existe um conceito fundamental em Machine Learning chamado **trade-off entre viés e variância**:

- **Viés alto** significa que o modelo é simples demais e não consegue capturar a complexidade dos dados (underfitting — subajuste).
- **Variância alta** significa que o modelo é complexo demais e se ajusta excessivamente aos detalhes irrelevantes dos dados de treino (overfitting).

O ruído nos ajuda a encontrar o equilíbrio. Ele impede que o modelo caia na armadilha da variância alta, mantendo-o honesto: "você não pode decorar as respostas, precisa realmente *entender* o que diferencia fraude de não-fraude".

Assim, quando o modelo for colocado em produção e começar a analisar transações reais — com todas as suas imperfeições, inconsistências e casos extremos — ele terá muito mais chance de acertar. Porque ele foi treinado não para ser perfeito em um mundo artificial, mas para ser confiável em um mundo bagunçado.

```
UNDERFITTING          IDEAL          OVERFITTING
(Viés Alto)             |          (Variância Alta)
     |                  |                |
Modelo muito        Modelo         Modelo muito
  simples            certo           complexo
     ↓                  ↓                ↓
Erra padrões      Generaliza      Decora treino,
importantes           bem            erra novos
```

Para o **RubixML**, usamos uma abordagem diferente. Em vez de uma regra lógica binária, usamos uma fórmula matemática ponderada para calcular um Score:

```
$credit_score = ($n_renda * 1)
              - ($n_divida * 2)
              + ($n_score * 2.5)
              + ($n_emprego * 1.5);
```

Aqui definimos explicitamente que **Dívida** pesa negativamente (-2) e **Score** pesa muito positivamente (+2.5). O objetivo é verificar se o algoritmo RubixML consegue "descobrir" a importância de cada variável sozinho durante o treinamento, sem nunca ter visto essa fórmula, apenas observando os exemplos de entrada e saída.

Abaixo temos o código completo do nosso gerador, ele é simples e direto ao ponto.

Gerador: `tools/gerar_sintetico.php`

```
#!/usr/bin/env php
<?php

// tools/gerar_sintetico.php
// Gera dados sintéticos para o "Motor de Crédito"
// Features: Renda, Dívida, Score, Tempo Emprego, Idade

mt_srand(42); // Determinismo
```

> ***O que é determinismo?*** *O número 42 (ou qualquer outro) é a "semente" do gerador de números aleatórios. Usar sempre a mesma semente garante que os mesmos "números aleatórios" serão gerados toda vez, permitindo* ***reprodutibilidade****. Isso é fundamental em Machine Learning: se você treinar o modelo hoje e amanhã, obterá os mesmos resultados.*

```
$total_registros = 10000;

$dir = dirname(
    path: __FILE__,
    levels: 2
) . '/data/';

if(!is_dir($dir)) {
    mkdir(
        $dir,
        recursive: true
    );
}

$arquivo_saida = $dir . 'dados_brutos.txt';

$handle = fopen($arquivo_saida, 'w');
// Header:
renda;divida;score;tempo_emprego_meses;idade;is_fraud(fann_target);will_default(
rubix_target)
// Mas vamos salvar cru para depois normalizar.
// Vamos salvar CSV:
renda;divida;score;tempo_emprego_meses;idade;target_fann;target_rubix

/*
 * REGRAS DE NEGÓCIO (SINTÉTICAS):
 *
 * 1. FRAUDE (FANN - Anomaly Detection):
 *    - Lógica XOR Disfarçada:
```

```
 *     - A: Renda Alta (> 25000)
 *     - B: Histórico Baixo (Tempo Emprego < 12 meses OR Idade < 22)
 *     - Se (A AND B) => FRAUDE (Target = 0 - Bloquear)
 *     - Caso contrário => OK (Target = 1 - Passar)
 *
 * 2. RISCO (RubixML - Default Prediction):
 *     - Score base calculado por pesos
 *     - Se Score Final < Threshold => Default (Target = 'default')
 *     - Se Score Final >= Threshold => Bom Pagador (Target = 'ok')
 */

for ($i = 0; $i < $total_registros; $i++) {
    // 1. Gerar Features Aleatórias
    $renda = mt_rand(1500, 50000);
    $divida = mt_rand(0, $renda * 10); // Dívida até 10x a renda
    $score_ext = mt_rand(100, 1000);
    $idade = mt_rand(18, 70);

    // Correlação: Idade maior tende a ter mais tempo de emprego
    $max_emprego = ($idade - 18) * 12;
    $tempo_emprego_meses = mt_rand(0, min($max_emprego, 480)); // Meses

    // 2. Definir Target FANN (0=Suspeito, 1=Normal)
    $is_rich = ($renda > 20000);
    $no_history = ($tempo_emprego_meses < 6 || $idade < 21);

    // Regra XOR de Fraude: Rico sem histórico é suspeito
    $fraud = ($is_rich && $no_history);

    // Adiciona 5% de ruído (fraudes que parecem normais e vice-versa)
    if (mt_rand(0, 100) < 5) {
        $fraud = !$fraud;
    }

    $target_fann = $fraud ? 0 : 1;

    // 3. Definir Target RubixML (Inadimplência)
    // Formula de "Bom Pagador"
    // + Renda (pouco peso)
    // - Dívida (muito peso)
    // + Score (muito peso)
    // + Emprego (médio peso)

    // Normalizações mentais pra ponderar
    $n_renda = $renda / 50000;
    $n_divida = $divida / 200000; // assumindo max divida ~500k mas vamos por
base
    $n_score = $score_ext / 1000;
    $n_emprego = $tempo_emprego_meses / 360;

    $credit_score = ($n_renda * 1)
                  - ($n_divida * 2)
                  + ($n_score * 2.5)
                  + ($n_emprego * 1.5);
```

```
    // Ruído aleatório no score
    $credit_score += (mt_rand(-100, 100) / 1000);

    // Threshold empírico
    $target_rubix = ($credit_score > 1.0) ? 'bom' : 'ruim';

    // Se for fraude detectada pela lógica FANN, vamos forçar 'ruim' no Rubix
também?
    // Não necessariamente, são problemas ortogonais no nosso design, mas
    // geralmente fraude não paga. Mas vamos deixar independentes para provar o
valor de cada ferramenta.

    fwrite($handle,
"$renda;$divida;$score_ext;$tempo_emprego_meses;$idade;$target_fann;$target_rubi
x\n");
}

fclose($handle);
echo "Gerados $total_registros registros em '{$arquivo_saida}'.\n";
```

Escalas que fazem sentido (Normalização)

Com os dados brutos gerados (`data/dados_brutos.txt`), temos um arquivo cheio de números em escalas muito diferentes.

Se jogarmos os dados como estão para a Rede Neural, teremos um problema sério: a coluna **Dívida** (que pode chegar a 200.000) tem números muito maiores que a coluna **Idade** (que vai até 100) ou **Classes** (0 ou 1).

Matematicamente, a rede neural vai achar que a Dívida é 2.000 vezes mais importante que a Idade, simplesmente porque o número é maior. Para evitar esse viés numérico, precisamos da **Normalização**.

O script `tools/normalizar.php` é responsável por traduzir esses dados para uma escala comum: números entre 0.0 e 1.0.

```
    // Normalizar (Min-Max simples)
    $n_renda = min($renda / 50000, 1.0);
    $n_divida = min($divida / 200000, 1.0);
    $n_score = $score / 1000;
    $n_tempo = min($tempo / 480, 1.0);
    $n_idade = min($idade / 100, 1.0);
```

Para visualizar as regras aplicadas:

Feature	Valor Máximo (Teto)	Lógica de Normalização	Exemplo (Entrada -> Saída)
Renda	50.000	`min(valor / 50000, 1.0)`	25.000 -> **0.5**
Dívida	200.000	`min(valor / 200000, 1.0)`	200.000 -> **1.0**
Score	1.000	`valor / 1000`	750 -> **0.75**
Tempo	480 (40 anos)	`min(valor / 480, 1.0)`	120 -> **0.25**
Idade	100	`min(valor / 100, 1.0)`	35 -> **0.35**

Novamente, observe os valores utilizados (50000, 200000, etc). Estes são os mesmos valores que vimos no `app/cli.php` no capítulo anterior.

> *IMPORTANTE: As constantes de normalização usadas no treinamento DEVEM SER IDÊNTICAS às usadas na inferência em produção. Se você treinar dividindo a renda por 50 mil e na produção dividir por 10 mil, seu modelo receberá dados distorcidos e errará todas as previsões.*

Formatando para o Cliente

Por fim, cada biblioteca exige os dados em um formato específico para funcionar.

Para o RubixML, geramos um CSV padrão limpo (`dados_normalizados.csv`). O RubixML possui leitores nativos de CSV muito eficientes que conseguem inferir os tipos de dados e separar o que é dado de entrada (features) do que é o alvo (label/target).

```
renda,divida,score,tempo_emprego_meses,idade,classe
0.12,0.55,0.8,0.2,0.3,bom
0.88,0.10,0.9,0.5,0.4,bom
...
```

Para a FANN, ela exige um formato proprietário `.data` (`dados_normalizados.data`). Como a FANN é uma biblioteca escrita em C focada em performance bruta, esse formato é pensado para ser lido da forma mais rápida possível pela linguagem C, sem necessidade de parsing complexo de CSV.

O cabeçalho define a estrutura da rede e os dados são sequenciais:

```
10000 5 1
0.12 0.55 0.8 0.2 0.3
1
0.88 0.10 0.9 0.5 0.4
1
...
```

A primeira linha `10000 5 1` diz: "Tenho 10 mil exemplos, cada um com 5 entradas (neurônios de entrada) e 1 saída (neurônio de saída)". As linhas seguintes intercalam as entradas (o vetor de dados do cliente) e a saída esperada (0 ou 1).

Abaixo temos o código completo do normalizador. Um detalhe interessante é que ele gera dois arquivos de saída diferentes a partir do mesmo arquivo bruto de entrada.

Normalizador: `tools/normalizar.php`

```php
#!/usr/bin/env php
<?php
// tools/normalizar.php

$dir = dirname(
    path: __FILE__,
    levels: 2
) . '/data/';

$raw_file = $dir . 'dados_brutos.txt';
$fann_file = $dir . 'dados_normalizados.data';
$rubix_file = $dir . 'dados_normalizados.csv';

if (!file_exists($raw_file)) {
    die("Arquivo bruto nao encontrado.");
}

$lines = file($raw_file, FILE_IGNORE_NEW_LINES | FILE_SKIP_EMPTY_LINES);
$total = count($lines);

$handle_fann = fopen($fann_file, 'w');
$handle_rubix = fopen($rubix_file, 'w');

// FANN Header: num_train_data num_input num_output
```

```
fwrite($handle_fann, "$total 5 1\n");

// RubixML Header: features... class
fwrite($handle_rubix, "renda,divida,score,tempo_emprego_meses,idade,classe\n");

foreach ($lines as $line) {
    // raw format:
renda;divida;score;tempo_emprego_meses;idade;target_fann;target_rubix
    $data = explode(';', $line);

    // Extrair
    $renda = (float)$data[0];
    $divida = (float)$data[1];
    $score = (float)$data[2];
    $tempo = (float)$data[3];
    $idade = (float)$data[4];
    $t_fann = $data[5];
    $t_rubix = $data[6];

    // Normalizar (Min-Max simples)
    $n_renda = min($renda / 50000, 1.0);
    $n_divida = min($divida / 200000, 1.0);
    $n_score = $score / 1000;
    $n_tempo = min($tempo / 480, 1.0);
    $n_idade = min($idade / 100, 1.0);

    // Salvar FANN
    // Input line
    fwrite($handle_fann, "$n_renda $n_divida $n_score $n_tempo $n_idade\n");
    // Output line
    fwrite($handle_fann, "$t_fann\n");

    // Salvar RubixML (CSV)
    fwrite($handle_rubix,
"$n_renda,$n_divida,$n_score,$n_tempo,$n_idade,$t_rubix\n");
}

fclose($handle_fann);
fclose($handle_rubix);

echo "Dados normalizados gerados:\n";
echo "- FANN: {$fann_file} ($total registros)\n";
echo "- Rubix: {$rubix_file} ($total registros)\n";
```

Conclusão

Ao rodar esses dois scripts (`php tools/gerar_sintetico.php` e `php tools/normalizar.php`), transformamos o nada em conhecimento potencial. Saímos do zero para termos arquivos de treinamento robustos, balanceados e normalizados em `data/` .

Essa etapa de preparação é fundamental. Se os dados não tiverem padrões claros (como os que embutimos via código) ou estiverem em escalas confusas (sem normalização), o modelo nunca aprenderá, não importa quanto tempo fique treinando.

Agora que temos nossos dados devidamente preparados, é hora de utilizá-los. No próximo capítulo, vamos treinar nossa primeira Rede Neural.

Redes Neurais com FANN

Agora que temos nossos dados devidamente higienizados e normalizados no capítulo anterior, chegamos ao momento de dar vida à nossa primeira inteligência artificial.

Neste capítulo vamos focar exclusivamente na **FANN** (Fast Artificial Neural Network). Vamos entender o que ela é, como funciona e, o mais importante, como implementá-la em PHP para servir como o "Porteiro" do nosso sistema de crédito.

O Que é a FANN?

A FANN é uma biblioteca de redes neurais de código aberto, escrita originalmente em C por Steffen Nissen no início dos anos 2000.

Você pode se perguntar: *"Por que usar uma biblioteca do início dos anos 2000 quando temos TensorFlow, PyTorch e outros gigantes?"*

A resposta é simples: **Didática, Foco e Eficiência**.

1. **Didática:** A FANN é "crua". Ela nos obriga a definir a topologia manualmente (camadas, neurônios), o que é excelente para quem está aprendendo. Diferente de frameworks modernos que "adivinham" as configurações para você, aqui você precisa entender o que está construindo.
2. **Foco e Eficiência:** A FANN foi projetada para implementar redes neurais artificiais (ANN) multicamadas (MLP) da forma mais rápida possível.

Por ser escrita em C e ter binds diretos para o PHP (via extensão PECL ou PHP-PIE), ela roda praticamente toda no processador. O *overhead* (custo de processamento) de chamar a FANN dentro do PHP é irrisório.

Por ser executada diretamente em PHP, a FANN é perfeita para os exemplos deste livro e para muitos problemas simples. Para necessidades mais complexas você pode usar o próprio RubixML, ou pode usar uma implementação da **ONNX** (Open Neural Network Exchange) que está se consolidando como a padrão de mercado *(até o fechamento deste livro, não há suporte oficial, mas implementações independentes para PHP com FFI).*

> ***Contexto de Produção:***
> *Para o problema deste livro (classificação tabular simples), a FANN é mais do que suficiente e imbatível em velocidade. Porém, saiba que para problemas complexos (Visão Computacional, LLMs), o padrão de mercado migrou para o uso de runtimes como **ONNX** via PHP. O conhecimento que você adquire aqui sobre pesos, viés e funções de ativação é universal e se aplicará quando você for usar essas tecnologias mais novas.*

Não vamos abordar ONNX aqui, pois envolve a "compilação" do modelo em outra tecnologia como o python. O ONNX possui runtimes para diversas tecnologias, como o C++, Node.js, .NET, entre outros.

> ***Quando NÃO usar Redes Neurais:***
> *Para problemas de otimização de rota e busca em grafos, não usamos Redes Neurais, mas sim algoritmos de busca que se beneficiam de estruturas como SplPriorityQueue, abordadas no meu livro 'PHP Além das Abstrações: Um guia para engenheiros, que precisam mais do que bibliotecas'.*

O Arquivo `.data`

No capítulo anterior, geramos um arquivo `dados_normalizados.data`. A FANN exige um formato muito específico para conseguir ler os dados com velocidade máxima.

Vamos recapitular o cabeçalho:

```
10000 5 1
```

Esse cabeçalho diz para a FANN:

- **10000:** Vou te entregar 10 mil pares de treinamento.
- **5:** Cada entrada terá 5 números (Renda, Dívida, Score, Emprego, Idade).
- **1:** Cada saída terá 1 número (0 para fraude, 1 para normal).

Isso é importante porque define a **Topologia de Entrada e Saída** da nossa rede. Se você tentar treinar uma rede configurada para receber 4 inputs com esse arquivo, ela vai falhar.

Treinando em PHP

Diferente de Python, onde você precisaria de um ambiente virtual complexo, em PHP o treinamento é direto. Vamos analisar o script `tools/treinar_fann.php` em partes.

1. Definindo a Topologia

Uma rede neural é composta por camadas de neurônios.

- **Camada de Entrada (Input):** Recebe os dados (5 neurônios).
- **Camadas Ocultas (Hidden):** Onde a mágica acontece.
- **Camada de Saída (Output):** Entrega a resposta (1 neurônio).

No código, definimos isso através de um array simples:

```
// Configuração da Rede
$num_input = 5;
$num_output = 1;
$num_layers = 4;
$layers = [$num_input, 10, 5, $num_output];

$ann = fann_create_standard_array($num_layers, $layers);
```

Visualmente, nossa rede terá esta estrutura exata:

```
[CAMADA DE ENTRADA]        [CAMADAS OCULTAS]          [SAÍDA]
   (5 neurônios)         (10 e 5 neurônios)        (1 neurônio)

  (Renda)    O \
  (Dívida)   O --\           O O O
  (Score)    O ----> O O O   O O O   O O O  ---->  (O)  -> [0.0 - 1.0]
  (Emprego)  O --/   O O O   O O O   O O O
  (Idade)    O /             O O
                             O
                            (10)       (5)
```

Utilizamos a função `fann_create_standard_array` pois ela é mais flexível para definirmos a topologia dinamicamente.

> ***O que a rede "aprende"?*** *O conhecimento da rede está nos* ***pesos*** *— números associados a cada conexão entre neurônios. Um peso alto significa que aquela conexão é importante para a decisão; um peso próximo de zero significa que é irrelevante. O treinamento consiste em ajustar esses milhares de pesos até que a rede produza respostas corretas.*

Quantos neurônios ocultos usar? Essa é a "Pergunta de Um Milhão de Dólares". Não existe uma fórmula mágica, mas existe lógica:

1. **O Papel das Camadas:** Pense nas camadas como níveis de abstração. A primeira camada oculta combina os dados brutos (Renda, Idade) para encontrar padrões simples. A segunda camada combina esses padrões simples para encontrar conceitos complexos (como "Jovem Rico sem Hitórico").
2. **A Regra de Ouro (Empírica):** Comece com um número entre o tamanho da entrada e da saída. Se temos 5 entradas e 1 saída, algo entre 3 e 10 neurônios é um bom ponto de partida.
3. **Menos é Mais (Navalha de Occam):** Se sua rede funciona bem com 4 neurônios, não use 50. Modelos maiores são mais lentos e propensos a decorar os dados (*overfitting*).

Como validar minha escolha?

A única forma científica é testar. Treine o modelo com 4 neurônios e meça o erro (MSE). Treine com 8 e meça novamente. Se o erro cair drasticamente, o aumento valeu a pena. Se o erro continuar o mesmo, volte para 4.

2. Funções de Ativação

Os neurônios precisam de uma função matemática para decidir se "disparam" ou não.

- Nas camadas ocultas, usamos **FANN_SIGMOID_SYMMETRIC** (intervalo -1 a 1) para permitir uma convergência mais rápida durante o treinamento.
- Na camada de saída, usamos **FANN_SIGMOID** (intervalo 0 a 1), pois queremos uma probabilidade entre 0% e 100% de ser "BOM" ou "FRAUDE". Se usássemos a simétrica aqui, teríamos valores negativos que fariam menos sentido semântico para o nosso problema.

```
fann_set_activation_function_hidden($ann, FANN_SIGMOID_SYMMETRIC);
fann_set_activation_function_output($ann, FANN_SIGMOID);
```

Visualmente, a diferença entre as duas funções é:

```
SIGMOID (0 a 1)          SIGMOID_SYMMETRIC (-1 a 1)

1.0 |        ===          1.0 |        ===
    |      /                  |      /
0.5 |     |               0.0 |---|---
    |   /                     |   /
0.0 |==                  -1.0 |==
    +----------               +----------
```

A versão simétrica permite que os neurônios tenham valores negativos durante o processamento, o que pode acelerar a convergência do treinamento.

3. O Loop de Treinamento

Agora mandamos a FANN ler o arquivo e aprender.

```
$max_epochs = 5000;
$epochs_between_reports = 100;
$desired_error = 0.001; // Erro alvo (MSE)

fann_train_on_file(
    $ann,
    $arquivo_treino,
    $max_epochs,
    $epochs_between_reports,
    $desired_error
);
```

> ***O que é uma época?*** *Uma* ***época*** *(epoch) é uma passada completa por todos os dados de treinamento. Se você tem 10.000 exemplos, uma época significa que a rede viu todos os 10.000 uma vez. Normalmente precisamos de centenas ou milhares de épocas — a rede refina os pesos um pouco a cada passada, se aproximando gradualmente das respostas corretas.*

Entendendo o MSE (Mean Square Error)

O parâmetro `$desired_error` é fundamental. Ele define quando a rede deve parar de treinar. O **Erro Quadrático Médio (MSE)** mede a distância média entre o que a rede chutou e o que era a resposta correta.

- **MSE alto (ex: 0.1):** A rede está errando muito.

- **MSE baixo (ex: 0.0001):** A rede está acertando quase tudo.

> *Cuidado! Um MSE muito baixo pode indicar **Overfitting**. A rede decorou os exemplos. Para nosso problema de fraude, 0.001 é um excelente equilíbrio.*

> ***O que é Bit Fail?** Além do MSE, a FANN também reporta o "bit fail" — o número de amostras classificadas incorretamente considerando um limiar de corte (threshold). Se a rede retorna 0.3 para uma amostra que deveria ser 1.0, e o limiar é 0.35, isso conta como um "bit fail". Veremos esse valor nos resultados do treinamento.*

Como a Rede Aprende: Backpropagation

Quando chamamos `fann_train_on_file`, a FANN executa internamente um algoritmo chamado **Backpropagation** (Propagação Reversa). Esse é o mecanismo que permite à rede ajustar seus pesos para reduzir o erro.

O processo funciona em três etapas:

1. Forward Pass (Passagem Direta)

Os dados de entrada percorrem a rede da esquerda para a direita. Cada neurônio aplica seus pesos, soma os valores e passa pela função de ativação. No final, a rede produz uma saída.

```
Entrada [5 valores] --> Camada Oculta 1 --> Camada Oculta 2 --> Saída
       (Renda...)          (10 neurônios)      (5 neurônios)      (1 valor)
```

2. Cálculo do Erro

A saída da rede é comparada com a resposta correta (do arquivo `.data`). A diferença é o erro. Se a rede disse 0.7 mas a resposta era 1.0, o erro é 0.3.

3. Backward Pass (Passagem Reversa)

Aqui está a parte importante. O algoritmo percorre a rede de trás para frente, calculando quanto cada peso contribuiu para o erro. Usando cálculo diferencial (derivadas), ele determina a "direção" em que cada peso deve mudar para reduzir o erro.

```
Entrada <-- Camada Oculta 1 <-- Camada Oculta 2 <-- Saída
     (ajusta pesos)        (ajusta pesos)    (calcula o erro)
```

Os pesos são então ajustados um pouco nessa direção. Esse "um pouco" é controlado pelo **Learning Rate** (Taxa de Aprendizado).

> ***Entendendo o Learning Rate:*** *O learning rate controla o tamanho do "passo" que a rede dá ao ajustar os pesos. É como descer uma montanha:*
> *- **Valor alto** (0.9): Passos grandes chegam rápido, mas podem rolar ladeira abaixo (pular a solução ótima).*
> *- **Valor baixo** (0.001): Passos pequenos são seguros e precisos, mas demorados.*
>
> *O algoritmo RPROP (padrão da FANN) resolve isso automaticamente: cada peso tem seu próprio \"passo\" de ajuste, tornando a escolha do learning rate menos crítica.*

Esse ciclo (forward → erro → backward → ajuste) se repete milhares de vezes (as épocas/gerações) até o erro ficar abaixo do limite desejado.

Algoritmos de Treinamento da FANN

A FANN oferece diferentes algoritmos para o ajuste de pesos. Você pode escolher qual usar via `fann_set_training_algorithm()` :

Constante	Nome	Descrição
`FANN_TRAIN_INCREMENTAL`	Incremental	Atualiza pesos após cada amostra. Instável, mas rápido para datasets pequenos.
`FANN_TRAIN_BATCH`	Batch	Atualiza pesos após processar todo o dataset. Estável, mas lento.
`FANN_TRAIN_RPROP`	Rprop	Usa apenas o sinal do gradiente, ignorando a magnitude. Robusto e rápido. **Padrão da FANN.**
`FANN_TRAIN_QUICKPROP`	Quickprop	Aproximação de segunda ordem. Pode ser mais rápido, mas instável em alguns casos.

Por padrão, a FANN usa **RPROP** (Resilient Propagation). Esse algoritmo é particularmente bom porque:

1. Não depende do learning rate global.
2. Cada peso tem seu próprio "passo" de ajuste.
3. Converge bem em problemas de classificação binária como o nosso.

Se quiser trocar o algoritmo, adicione antes do treinamento:

```
fann_set_training_algorithm($ann, FANN_TRAIN_BATCH);
```

Para a maioria dos casos, o RPROP padrão funciona bem e não precisa ser alterado.

Quando usar cada algoritmo:

- **RPROP (padrão):** Primeiro a tentar. Funciona bem para a maioria dos problemas de classificação.
- **BATCH:** Quando o dataset é pequeno e você quer estabilidade máxima.
- **INCREMENTAL:** Aprendizado online (dados chegando em tempo real).
- **QUICKPROP:** Experimentar se RPROP estiver lento, mas monitore a estabilidade.

O Que Está Dentro do Arquivo `.net`

Quando chamamos `fann_save()` , a FANN grava um arquivo texto com todos os parâmetros da rede. Vamos abrir o arquivo `credit_fraud.net` e entender sua estrutura:

```
FANN_FLO_2.1
num_layers=4
learning_rate=0.700000
connection_rate=1.000000
network_type=0
learning_momentum=0.000000
training_algorithm=2
...
layer_sizes=6 11 6 2
...
neurons (num_inputs, activation_function, activation_steepness)=...
connections (connected_to_neuron, weight)=(0, 120.86) (1, -342.93) ...
```

Vamos decodificar as linhas mais importantes:

- **`FANN_FLO_2.1`** : Versão do formato do arquivo (FANN Float 2.1).
- **`num_layers=4`** : Nossa rede tem 4 camadas (entrada + 2 ocultas + saída).
- **`learning_rate=0.700000`** : Taxa de aprendizado usada no treino.
- **`training_algorithm=2`** : O algoritmo usado foi RPROP (código 2).
- **`layer_sizes=6 11 6 2`** : Tamanho de cada camada. Note que há +1 neurônio por camada — esses são os neurônios de **bias**.
- **`connections`** : Aqui estão os pesos aprendidos. Cada tupla `(neurônio_origem, peso)` define uma conexão.

> ***O que é bias?*** *É um neurônio especial que funciona como o "b" na equação da reta* `y = ax + b` *. Sem ele, todas as retas passariam pela origem. O bias permite que a rede "desloque" suas decisões, ajustando o ponto de corte independentemente dos dados de entrada.*

Os pesos são os "conhecimentos" da rede. Valores como `120.86` ou `-342.93` foram ajustados ao longo de milhares de épocas até a rede conseguir classificar fraudes corretamente.

Se você olhar os pesos, verá que alguns são muito grandes (positivos ou negativos). Isso indica que certas conexões têm forte influência na decisão. Outros pesos próximos de zero contribuem pouco.

Código Completo: Treinamento

Os códigos deste livro estarão todos completos no repositório do material de apoio, porém para evitar qualquer problema segue o código completo que utilizaremos para treinar a rede. Salve-o em `src/fann/treinar.php` :

```
<?php
// src/fann/treinar.php

$dir = dirname(
    path: __FILE__,
    levels: 3
);

$dados_treino = $dir . '/data/dados_normalizados.data';
$arquivo_modelo = $dir . '/models/fann/credit_fraud.net';

if (!file_exists($dados_treino)) {
    die("Arquivo de treino nao encontrado: $dados_treino\n");
}

echo "================================================\n";
echo "  TREINAMENTO FANN - CREDIT ENGINE\n";
echo "================================================\n\n";

// Configuração da Rede
$num_input = 5;
$num_output = 1;
$num_layers = 4;
$layers = [$num_input, 10, 5, $num_output];

echo "Topologia: " . implode(' -> ', $layers) . "\n";
echo "Dataset: $dados_treino\n\n";

$ann = fann_create_standard_array($num_layers, $layers);

if (!$ann) {
    die("Erro ao criar FANN.\n");
}

fann_set_activation_function_hidden($ann, FANN_SIGMOID_SYMMETRIC);
fann_set_activation_function_output($ann, FANN_SIGMOID);

echo "Funcao de ativacao (ocultas): SIGMOID_SYMMETRIC\n";
echo "Funcao de ativacao (saida): SIGMOID\n\n";

// Parâmetros de Treinamento
$max_epochs = 5000;
$epochs_between_reports = 500;
$desired_error = 0.001;
```

```
echo "Parametros:\n";
echo "- Epocas maximas: $max_epochs\n";
echo "- Erro desejado (MSE): $desired_error\n";
echo "- Algoritmo: RPROP (padrao)\n\n";

echo "Iniciando treinamento...\n";
echo "-----------------------------------------------\n";

$start = microtime(true);

fann_train_on_file($ann, $dados_treino, $max_epochs, $epochs_between_reports,
$desired_error);

$elapsed = round(microtime(true) - $start, 2);

echo "-----------------------------------------------\n\n";

// Métricas finais
$mse = fann_get_MSE($ann);
$bit_fail = fann_get_bit_fail($ann);

echo "Treinamento concluido em {$elapsed}s\n";
echo "MSE final: " . number_format($mse, 6) . "\n";
echo "Bit fail: $bit_fail\n\n";

// Salvar
if (!is_dir(dirname($arquivo_modelo))) {
    mkdir(dirname($arquivo_modelo), 0777, true);
}

fann_save($ann, $arquivo_modelo);
fann_destroy($ann);

echo "Modelo salvo em: $arquivo_modelo\n";
echo "===============================================\n";
```

Executando o Treinamento

Ao executar o script, você verá uma saída detalhada:

```
===============================================
  TREINAMENTO FANN - CREDIT ENGINE
===============================================

Topologia: 5 -> 10 -> 5 -> 1
Dataset: /app/data/dados_normalizados.data

Funcao de ativacao (ocultas): SIGMOID_SYMMETRIC
Funcao de ativacao (saida): SIGMOID
```

```
Parametros:
- Epocas maximas: 5000
- Erro desejado (MSE): 0.001
- Algoritmo: RPROP (padrao)

Iniciando treinamento...
--------------------------------------------------

Treinamento concluido em 14.78s
MSE final: 0.049713
Bit fail: 521

Modelo salvo em: /app/models/fann/credit_fraud.net
==================================================
```

Interpretando as Métricas

MSE final: 0.049713

O MSE (Mean Square Error) ficou em ~0.05. Isso significa que, em média, a rede erra 0.05 na escala 0-1. Para um problema de classificação binária, esse é um resultado aceitável. A rede não atingiu o erro desejado de 0.001 porque parou nas 5000 épocas máximas.

Bit fail: 521

O "bit fail" indica quantas amostras foram classificadas incorretamente considerando o limiar definido (padrão: 0.35). De 10.000 amostras, 521 (~5.2%) foram classificadas erradas. Isso corresponde a uma **acurácia de ~94.8%**.

Tempo: 14.78s

A FANN é uma biblioteca C compilada, então o treinamento é rápido. 14 segundos para 10.000 amostras em 5.000 épocas é um bom desempenho.

> *Note que o MSE não atingiu 0.001. Você poderia aumentar* `max_epochs` *para 10.000 ou 20.000, mas cuidado: continuar treinando indefinidamente pode levar ao overfitting.*

Depois de salvar o arquivo `.net`, como usamos isso na prática? Vamos construir nosso script de inferência passo a passo.

1. Carregando o Modelo

Primeiro, precisamos trazer a rede neural da "memória de longo prazo" (arquivo) para a "memória de curto prazo" (RAM).

```
function carregar_modelo(string $arq) {
    if (!file_exists($arq)) throw new RuntimeException("Modelo não encontrado:
{$arq}");
    return fann_create_from_file($arq);
}
```

2. Executando a Inferência

O processo em si é uma única linha de código. O método `fann_run` passa os dados pelos neurônios e retorna a saída da última camada.

```
$input = [0.5, 0.1, 0.9, 0.8, 0.4]; // Dados normalizados
$output = fann_run($ann, $input);
```

A variável `$output` será sempre um array, pois uma rede pode ter múltiplas saídas. No nosso caso, queremos apenas o primeiro elemento:

```
$score = $output[0]; // Ex: 0.9823
```

3. Interpretando o Resultado

Como interpretar isso? Lembre-se, a FANN trabalha com matemática, não com booleanos.

- Valor próximo de **1.0** (ex: 0.98): A rede tem 98% de certeza que é **NORMAL**.
- Valor próximo de **0.0** (ex: 0.03): A rede tem 97% de certeza que é **FRAUDE** (lembrando que definimos 0 como fraude no treino).
- Valor no meio (ex: 0.5): A rede está confusa.

Score da FANN	Interpretação	Ação Recomendada
0.00 - 0.49	Potencial Fraude	**Bloquear**
0.50 - 1.00	Transação Normal	**Aprovar** (Enviar p/ Rubix)

Para transformar isso em decisão de negócio, usamos um **Limiar (Threshold)**:

```
function classificar(float $score) {
    // < 0.5 = Fraude (0), >= 0.5 = Normal (1)
    return $score >= 0.5 ? 'NORMAL' : 'FRAUDE';
}
```

Abaixo, no código de inferência, há um trecho de demonstração. Ao executar o script você verá como a inferência é feita e terá uma saída similar a esta:

```
========================================
  INFERENCIA FANN - CREDIT ENGINE DEMO
========================================

Modelo: /app/models/fann/credit_fraud.net

Renda Divid Score Empr  Idade  Score   Classe
-------------------------------------------------
0.90  0.10  0.50  0.00  0.18   0.0268  FRAUDE
0.90  0.10  0.80  0.80  0.60   0.9125  NORMAL
0.10  0.00  0.50  0.00  0.18   0.9125  NORMAL
0.85  0.20  0.50  0.20  0.30   0.9125  NORMAL
-------------------------------------------------
```

Código Completo: Inferência

Assim como no treinamento, o código completo está disponível no material de apoio. Abaixo, o script `tools/inferir_fann.php` que carrega a rede treinada e submete novos dados a ela para teste:

```
#!/usr/bin/env php
<?php
// tools/inferir_fann.php

function carregar_modelo(string $arq) {
    if (!file_exists($arq)) throw new RuntimeException("Modelo não encontrado:
{$arq}");
    return fann_create_from_file($arq);
}

function classificar(float $score) {
    // < 0.5 = Fraude (0), >= 0.5 = Normal (1)
    // No treino: 0=Fraude, 1=Normal.
    // Mas a rede pode retornar 0.9 (Muito Seguro) ou 0.1 (Muito Fraude).
    return $score >= 0.5 ? 'NORMAL' : 'FRAUDE';
}

$dir = dirname(__DIR__);
```

```php
$modelo_path = $dir . '/models/fann/credit_fraud.net';

// Vamos simular alguns casos de teste
// [Renda, Divida, Score, Emprego, Idade] (Valores Normalizados 0-1)
$casos = [
    // [0] Fraude Clara: Rico (0.9), Sem emprego (0.0), Jovem (0.18)
    [0.9, 0.1, 0.5, 0.0, 0.18],

    // [1] Normal: Rico (0.9), Empregado (0.8), Maduro (0.6)
    [0.9, 0.1, 0.8, 0.8, 0.60],

    // [2] Baixa Renda, mas honesto
    [0.1, 0.0, 0.5, 0.0, 0.18],
];

echo "Carregando modelo: {$modelo_path}\n";
$ann = carregar_modelo($modelo_path);

echo "Renda Divid Score Empr  Idade  Score   Classe\n";
echo "----------------------------------------------\n";

foreach ($casos as $e) {
    $output = fann_run($ann, $e);
    $score = $output[0]; // Pegamos o primeiro (e único) neurônio de saída

    $cls = classificar($score);

    printf(
        "%.2f  %.2f  %.2f  %.2f  %.2f   %.4f  %s\n",
        $e[0], $e[1], $e[2], $e[3], $e[4],
        $score, $cls
    );
}

fann_destroy($ann);
```

Este script demonstra o ciclo completo de vida de um modelo de Machine Learning: (1) Carregar, (2) Preparar, (3) Inferir e (4) Decidir.

E se fossem mais de 2 classes?

E se o nosso problema exigisse uma classificação mais complexa, por exemplo: "Fraude", "Suspeito" e "Seguro"?

Muitos iniciantes tentam resolver isso usando um único neurônio de saída, atribuindo valores numéricos para cada categoria:

- 0.0 = Fraude

- 0.5 = Suspeito
- 1.0 = Seguro

Isso é um erro grave. Para a rede neural, 1.0 é matematicamente "maior" que 0.5. Isso cria uma falsa relação de ordem e magnitude: implica que "Seguro" é o dobro de "Suspeito". Se tivéssemos 10 categorias, a categoria 10 seria "10 vezes mais forte" que a categoria 1? Não faz sentido semântico.

A Solução: One-Hot Encoding

Para classificar N categorias, precisamos de **N neurônios de saída**. Cada neurônio se torna especialista em *uma* classe específica.

Em vez de perguntar para a rede "Qual é a categoria?", nós fazemos 3 perguntas simultâneas:

1. Neurônio 1: Qual a probabilidade de ser **Fraude**?
2. Neurônio 2: Qual a probabilidade de ser **Suspeito**?
3. Neurônio 3: Qual a probabilidade de ser **Seguro**?

No arquivo de treinamento `.data`, a saída esperada (target) muda de um único número para um vetor binário:

- Fraude: `1 0 0` (100% Fraude, 0% Outros)
- Suspeito: `0 1 0`
- Seguro: `0 0 1`

Isso exigiria alterar nossa topologia de rede:

```
// 3 neurônios na saída
$layers = [$num_input, 10, 5, 3];
```

Interpretando a Saída Multiclasse

Na hora da inferência, a rede nunca devolverá "0" ou "1" perfeitos. Ela devolverá uma distribuição de probabilidades.

```
$output = fann_run($ann, $input_cliente);
// Exemplo de retorno: [0.12, 0.85, 0.03]
```

Aqui, a rede está dizendo:

- 12% de chance de ser Fraude
- **85% de chance de ser Suspeito**
- 3% de change de ser Seguro

Para descobrir a resposta final, precisamos iterar sobre esse array e descobrir qual índice possui o maior valor (o "vencedor").

```
$categorias = ['Fraude', 'Suspeito', 'Seguro'];
$indice_vencedor = array_search(max($output), $output);

echo "Decisão: " . $categorias[$indice_vencedor];
// Resultado: Decisão: Suspeito
```

Para o nosso projeto atual ("Porteiro"), a classificação binária (Passa/Não Passa) é suficiente, por isso mantivemos apenas 1 neurônio de saída, o que economiza processamento.

Machine Learning com Rubix ML

Com o "Porteiro" da FANN funcionando para barrar anomalias óbvias, precisamos agora de um componente capaz de analisar nuances. Entra em cena o Rubix ML, uma biblioteca de Machine Learning escrita inteiramente em PHP.

Neste capítulo, vamos entender o que é o Rubix ML, quais são as peças fundamentais de sua arquitetura, e como implementá-lo para atuar como o "Analista de Risco" do nosso Motor de Crédito.

O Que é o Rubix ML?

O Rubix ML é uma biblioteca PHP de código aberto, criada por Andrew DalPino em 2017 e mantida ativamente desde então. Diferente da FANN, que é uma extensão compilada em C, o Rubix é um pacote Composer escrito em PHP moderno (7.4+ e 8.0+).

Isso significa que todo o código de treinamento e inferência roda diretamente no interpretador PHP. Não há bindings externos, não há extensões a compilar. Tudo é instalado via `composer require rubix/ml`.

O que o Rubix ML oferece:

* Mais de 40 algoritmos de aprendizado supervisionado e não-supervisionado.

* Classes para manipulação de Datasets, Transformadores (pré-processamento), Extratores (leitura de CSV, JSON, etc.) e Persistência (salvar/carregar modelos).

* Métricas para avaliação de modelos.

* Cross-validation e Grid Search para otimização de hiperparâmetros.

> ***O que são hiperparâmetros?*** *São configurações que você define antes do treinamento: número de árvores, profundidade máxima, taxa de aprendizado, etc. Diferente dos pesos (que o modelo aprende sozinho), os hiperparâmetros precisam ser escolhidos pelo desenvolvedor. Ferramentas como Grid Search automatizam a busca pelos melhores valores.*

> *O que é Cross-Validation? É uma técnica para avaliar modelos de forma robusta. Em vez de separar os dados uma vez em treino/teste, você divide em K partes, treina K vezes usando uma parte diferente como teste cada vez, e calcula a média. Isso reduz o impacto da sorte na divisão dos dados.*

E qual é o custo dessa conveniência?

Performance. Por rodar no interpretador PHP, o Rubix será necessariamente mais lento que uma extensão C como a FANN em operações intensivas. Porém, para o nosso caso de uso (Análise de Risco em lote ou por requisição), a diferença é irrelevante. O Rubix processa milhares de amostras em segundos.

> *Mas para necessidades de alto desempenho, que o PHP puro não consiga entregar, a documentação do rubix recomenda a instalação de uma extensão* `tensor` *(pecl install tensor), e uma dependência do ecossistema do próprio Rubix, chamada* `rubix/tensor`. *https://github.com/RubixML/Tensor. Que fará toda a comunicação necessária com a extensão.*

O Arquivo `.csv`

No capítulo anterior, geramos o arquivo `dados_normalizados.csv` para uso com o Rubix. Diferente do formato `.data` da FANN (sem headers, separado por quebras de linha), o CSV do Rubix segue o padrão convencional.

```
renda,divida,score,emprego,idade,classe
0.234,0.123,0.567,0.890,0.345,bom
0.876,0.654,0.321,0.012,0.789,ruim
...
```

A primeira linha contém os nomes das colunas. As linhas seguintes contêm os dados. A última coluna (`classe`) é o **rótulo** (label) que o modelo deve aprender a prever.

O Rubix consegue ler esse arquivo diretamente através da classe `CSV` , um Extrator (Extractor) especializado.

Instalação

Para usar o Rubix ML, crie um arquivo `composer.json` no diretório do seu projeto (ou em um subdiretório, como `src/rubixml/`):

```
{
    "require": {
        "rubix/ml": "^2.5"
    }
}
```

Execute a instalação:

```
composer install
```

O Composer vai baixar o Rubix ML e suas dependências. Após isso, basta incluir o autoloader em seus scripts:

```
require_once __DIR__ . '/vendor/autoload.php';
```

Entendendo os Conceitos Fundamentais

Antes de analisar o código, precisamos entender três conceitos que formam a base de qualquer projeto Rubix: **Datasets**, **Estimadores** e **Persisters**.

Datasets

Um Dataset é a estrutura que encapsula seus dados. No Rubix, existem dois tipos principais:

1. **Labeled:** Contém amostras (features) **e** rótulos (labels). Usado para treinamento supervisionado.
2. **Unlabeled:** Contém apenas amostras. Usado na inferência (quando não sabemos a resposta).

O método `Labeled::fromIterator()` recebe qualquer objeto iterável (como o Extrator `CSV`) e monta o dataset automaticamente. Ele assume que a **última coluna** do arquivo é o rótulo.

```
use Rubix\ML\Datasets\Labeled;
use Rubix\ML\Extractors\CSV;

// O segundo parâmetro 'true' indica que o CSV possui linha de header
$dataset = Labeled::fromIterator(new CSV($trainingFile, true));
```

Estimadores

Um Estimador (Estimator) é qualquer classe que implementa a interface `Learner`. É o algoritmo de Machine Learning em si. Exemplos:

* `RandomForest` (Floresta Aleatória) — Classificação

* `KNearestNeighbors` (K Vizinhos Mais Próximos) — Classificação

* `GradientBoost` — Classificação e Regressão

* `MultilayerPerceptron` — Rede Neural Artificial

Todos seguem a mesma interface básica: `train($dataset)` para treinar e `predict($dataset)` para inferir.

Persisters

Um Persister é responsável por salvar e carregar o modelo treinado. O mais comum é o `Filesystem`, que grava o modelo serializado em um arquivo.

```
use Rubix\ML\Persisters\Filesystem;

$persister = new Filesystem($modelFile);
```

O Rubix também oferece o formato próprio `.rbx`, que é uma serialização binária comprimida dos objetos PHP.

> ***Por que .rbx e não serialize()?*** *O formato RBX é mais eficiente que o* `serialize()` *padrão do PHP por duas razões: (1) usa compressão para reduzir o tamanho do arquivo, e (2) é otimizado para objetos grandes como florestas de 100 árvores. Um modelo Random Forest pode ocupar dezenas de megabytes; com RBX, esse tamanho cai drasticamente.*

O Algoritmo: Random Forest

Para o nosso problema de classificação de risco de crédito, escolhemos o algoritmo **Random Forest** (Floresta Aleatória).

Por que Random Forest e não Rede Neural (MLP)?

Redes Neurais são excelentes para problemas complexos com muitas features e padrões difusos (imagem, áudio, texto). Porém, para dados tabulares (linhas e colunas numéricas), algoritmos baseados em árvores de decisão frequentemente apresentam desempenho igual ou superior, com menos risco de overfitting.

O Random Forest funciona da seguinte forma:

1. **Cria múltiplas Árvores de Decisão** (no nosso caso, 100 árvores).
2. **Cada árvore é treinada em um subconjunto aleatório dos dados** (técnica chamada *Bagging*).
3. **Na inferência, cada árvore "vota" em uma classe.** A classe com mais votos vence.

Esse mecanismo de votação reduz a variância do modelo. Uma única árvore pode ser influenciada por ruído nos dados, mas 100 árvores votando juntas tendem a convergir para a resposta correta.

> ***Normalização é opcional para Random Forest.*** *Diferente de redes neurais (que sofrem quando os dados têm escalas muito diferentes), árvores de decisão comparam valores relativos, não absolutos. A pergunta "Renda > 5000?" funciona independente da renda máxima ser 10.000 ou 10.000.000. Usamos dados normalizados aqui apenas para manter consistência com o resto do projeto.*

O Que é Uma Árvore de Decisão

Uma Árvore de Decisão é um modelo que toma decisões através de perguntas sequenciais sobre os dados. Cada pergunta divide os dados em grupos menores até chegar a uma conclusão.

Visualmente, funciona assim:

```
                [Renda > 0.5?]
                 /           \
               Sim            Não
               /                \
     [Dívida < 0.3?]         [Score > 0.6?]
      /          \             /          \
    Sim          Não         Sim          Não
     |            |           |            |
   [BOM]       [RUIM]       [BOM]       [RUIM]
```

O algoritmo de treinamento analisa todas as features e encontra o melhor ponto de corte (split) para separar os dados. Mas o que significa "melhor"?

Índice Gini (Gini Impurity)

O Rubix ML usa por padrão o índice Gini para decidir onde cortar. A fórmula é:

```
Gini = 1 - (p_bom² + p_ruim²)
```

Onde `p_bom` é a proporção de "bom" e `p_ruim` é a proporção de "ruim" em um grupo.

* **Gini = 0:** Grupo puro (só tem uma classe). Ideal.

* **Gini = 0.5:** Grupo misturado (50% de cada). Ruim.

O algoritmo testa todos os possíveis cortes e escolhe aquele que resulta nos grupos com menor Gini (mais puros).

Profundidade da Árvore

Cada "pergunta" adiciona um nível à árvore. Uma árvore com profundidade 10 pode fazer até 10 perguntas sequenciais. Árvores muito profundas criam regras muito específicas que funcionam no treino mas falham em dados novos (overfitting).

O Que é Bagging

Bagging (Bootstrap Aggregating) é a técnica que transforma uma árvore fraca em uma floresta forte.

O processo funciona assim:

1. Pegue o dataset original (10.000 registros).
2. Crie 100 subconjuntos aleatórios, cada um com 10.000 registros **com reposição**.
3. "Com reposição" significa que o mesmo registro pode aparecer mais de uma vez em um subconjunto.
4. Treine uma árvore em cada subconjunto.

> ***Analogia:** Imagine sortear um nome no "amigo secreto". "Com reposição" significa colocar o nome de volta antes do próximo sorteio. Assim, o mesmo cliente pode ser sorteado múltiplas vezes para treinar uma árvore específica.*

Por que isso funciona?

Cada árvore vê uma versão ligeiramente diferente dos dados. Algumas árvores verão mais exemplos de "bom", outras mais exemplos de "ruim". Algumas verão outliers, outras não.

Quando fazemos a votação final, os erros individuais tendem a se cancelar. Se 60 árvores votam "bom" e 40 votam "ruim", provavelmente "bom" é a resposta correta — os 40 erros foram causados por ruído nos subconjuntos específicos que elas viram.

Esse efeito de "sabedoria das multidões" é o que dá robustez ao Random Forest.

Parâmetros do Random Forest

No Rubix, o construtor do `RandomForest` recebe dois argumentos principais:

```
use Rubix\ML\Classifiers\RandomForest;
use Rubix\ML\Classifiers\ClassificationTree;

$estimator = new RandomForest(new ClassificationTree(10), 100);
```

* **Primeiro parâmetro (`ClassificationTree(10)`):** O "Base Learner", ou seja, o tipo de árvore que será replicada. O número `10` é a **profundidade máxima** da árvore. Árvores mais profundas capturam mais detalhes, mas podem decorar o ruído

(overfitting). Árvores mais rasas generalizam melhor, mas podem perder padrões importantes (underfitting). O valor `10` é um ponto de partida razoável.

* **Segundo parâmetro (`100`):** O número de árvores na floresta. Mais árvores geralmente melhoram a acurácia até um ponto de saturação, ao custo de mais memória e tempo de treinamento. Para 10.000 registros com 5 features, 100 árvores é mais que suficiente.

O Código de Treinamento

Agora vamos analisar o script `src/rubixml/treinar.php` linha por linha.

1. Importando as Classes

```
require_once __DIR__ . '/vendor/autoload.php';

use Rubix\ML\Datasets\Labeled;
use Rubix\ML\Extractors\CSV;
use Rubix\ML\Classifiers\RandomForest;
use Rubix\ML\Classifiers\ClassificationTree;
use Rubix\ML\Persisters\Filesystem;
use Rubix\ML\Serializers\RBX;
use Rubix\ML\Transformers\NumericStringConverter;
```

Cada `use` corresponde a uma peça do sistema:

* `Labeled` e `CSV` para carregar os dados.

* `RandomForest` e `ClassificationTree` para o algoritmo.

* `Filesystem` e `RBX` para salvar o modelo.

* `NumericStringConverter` para converter os dados de string para número.

2. Definindo Caminhos

```
$dir = dirname(__FILE__, 3); // Sobe 3 níveis: rubixml -> src -> projeto

$trainingFile = $dir . '/data/dados_normalizados.csv';
$modelFile = $dir . '/models/rubixml/credit_risk.rbx';
```

O script assume uma estrutura de diretórios específica. O modelo será salvo em `models/rubixml/credit_risk.rbx` .

3. Carregando o Dataset

```
$dataset = Labeled::fromIterator(
    new CSV($trainingFile, true)
);
```

O Extrator `CSV` lê o arquivo linha por linha. O parâmetro `true` indica que a primeira linha é um header e deve ser ignorada como dado. O método `fromIterator` consome o Extrator e cria um objeto `Labeled` contendo todas as amostras em memória.

4. Convertendo Tipos

Arquivos CSV são texto puro. Quando o PHP lê `"0.5"` , ele interpreta como string, não como float. Muitos algoritmos do Rubix exigem dados numéricos (int ou float). O Transformador `NumericStringConverter` resolve isso:

```
$dataset->apply(new NumericStringConverter());
```

O método `apply()` modifica o dataset *in-place*, convertendo strings que parecem números para seus tipos nativos.

5. Instanciando o Estimador

```
$estimator = new RandomForest(new ClassificationTree(10), 100);
```

Aqui criamos uma Floresta Aleatória com 100 árvores, cada uma com profundidade máxima de 10 níveis.

6. Treinamento

```
$estimator->train($dataset);
```

Essa única linha é onde a computação pesada acontece. O Rubix vai:

1. Criar 100 subconjuntos aleatórios do dataset (com reposição).
2. Treinar uma `ClassificationTree` em cada subconjunto.
3. Armazenar todas as árvores internamente.

Para 10.000 registros, esse processo leva poucos segundos em hardware moderno.

7. Salvando o Modelo

```
$persister = new Filesystem($modelFile, false);
$serializer = new RBX(6);

$encoding = $serializer->serialize($estimator);
$persister->save($encoding);
```

Aqui temos duas operações:

1. **Serialização:** O `RBX` converte o objeto `$estimator` em uma representação binária. O parâmetro `6` define o nível de compressão (0 a 9, onde 0 é sem compressão e 9 é máxima).
2. **Persistência:** O `Filesystem` grava essa representação binária no caminho especificado.

O resultado é um arquivo `.rbx` que pode ser carregado posteriormente para fazer inferências sem precisar treinar novamente.

Código Completo: Treinamento

Segue o código completo do script de treinamento com validação. Salve-o em `src/rubixml/treinar.php`:

```
<?php
// src/rubixml/treinar.php

require_once __DIR__ . '/vendor/autoload.php';

use Rubix\ML\Datasets\Labeled;
use Rubix\ML\Extractors\CSV;
use Rubix\ML\Classifiers\RandomForest;
use Rubix\ML\Classifiers\ClassificationTree;
use Rubix\ML\Persisters\Filesystem;
use Rubix\ML\Serializers\RBX;
use Rubix\ML\Transformers\NumericStringConverter;
use Rubix\ML\CrossValidation\Metrics\Accuracy;
```

```php
use Rubix\ML\CrossValidation\Reports\ConfusionMatrix;

$dir = dirname(
    path: __FILE__,
    levels: 3
);

$trainingFile =  $dir . '/data/dados_normalizados.csv';
$modelFile = $dir . '/models/rubixml/credit_risk.rbx';

if (!file_exists($trainingFile)) {
    die("Dataset nao encontrado: $trainingFile\n");
}

echo "==============================================\n";
echo "  TREINAMENTO RUBIXML - CREDIT ENGINE\n";
echo "==============================================\n\n";

echo "Carregando dataset: $trainingFile\n";

// CSV tem header
$dataset = Labeled::fromIterator(
    new CSV($trainingFile, true)
);

// Converter strings numéricas para float/int
$dataset->apply(new NumericStringConverter());

echo "Total de registros: " . $dataset->count() . "\n";
echo "Features: " . $dataset->numFeatures() . "\n";
echo "Classes: " . implode(', ', $dataset->possibleOutcomes()) . "\n\n";

// --- VALIDAÇÃO: Separar treino e teste ---
echo "Separando dados: 80% treino, 20% teste...\n";

$dataset->randomize();
[$training, $testing] = $dataset->split(0.8);

echo "Treino: " . $training->count() . " registros\n";
echo "Teste:  " . $testing->count() . " registros\n\n";

// Definir o Estimador (Random Forest)
$estimator = new RandomForest(new ClassificationTree(10), 100);

echo "Treinando Random Forest (100 árvores, profundidade 10)...\n";

$start = microtime(true);

try {
    $estimator->train($training);
} catch (\Throwable $e) {
    echo "Erro fatal no treino: " . $e->getMessage() . "\n";
    echo $e->getTraceAsString();
    exit(1);
```

```
}

$elapsed = round(microtime(true) - $start, 2);
echo "Treinamento concluído em {$elapsed}s\n\n";

// --- VALIDAÇÃO: Testar no conjunto de teste ---
echo "Validando modelo no conjunto de teste...\n";

$predictions = $estimator->predict($testing);
$labels = $testing->labels();

// Acurácia
$accuracy = new Accuracy();
$score = $accuracy->score($predictions, $labels);
echo "Acurácia: " . round($score * 100, 2) . "%\n\n";

// Matriz de Confusão
echo "Matriz de Confusão:\n";
$report = new ConfusionMatrix();
$matrix = $report->generate($predictions, $labels);

// Formatar saída da matriz
foreach ($matrix as $actual => $predicted) {
    echo "  Real '$actual': ";
    $parts = [];
    foreach ($predicted as $pred => $count) {
        $parts[] = "previu '$pred' = $count";
    }
    echo implode(', ', $parts) . "\n";
}
echo "\n";

// --- Retreinar com todos os dados para o modelo final ---
echo "Retreinando com 100% dos dados para modelo de producao...\n";

$estimator = new RandomForest(new ClassificationTree(10), 100);
$estimator->train($dataset);

// Persistir
echo "Salvando modelo em $modelFile...\n";

if (!is_dir(dirname($modelFile))) {
    mkdir(dirname($modelFile), 0777, true);
}

$persister = new Filesystem(
    path: $modelFile,
    history: false
);

$serializer = new RBX(6);
$encoding = $serializer->serialize($estimator);
$persister->save($encoding);
```

```
echo "\nModelo RubixML salvo com sucesso!\n";
echo "==============================================\n";
```

Executando o Treinamento

Ao executar o script, você verá uma saída detalhada:

```
==============================================
  TREINAMENTO RUBIXML - CREDIT ENGINE
==============================================

Carregando dataset: /app/data/dados_normalizados.csv
Total de registros: 10000
Features: 5
Classes: bom, ruim

Separando dados: 80% treino, 20% teste...
Treino: 8000 registros
Teste:  2000 registros

Treinando Random Forest (100 árvores, profundidade 10)...
Treinamento concluído em 1.36s

Validando modelo no conjunto de teste...
Acurácia: 94.9%

Matriz de Confusão:
  Real 'bom': previu 'bom' = 1102, previu 'ruim' = 45
  Real 'ruim': previu 'bom' = 57, previu 'ruim' = 796

Retreinando com 100% dos dados para modelo de producao...
Salvando modelo em /app/models/rubixml/credit_risk.rbx...

Modelo RubixML salvo com sucesso!
==============================================
```

Interpretando os Resultados

Vamos decodificar cada parte da saída:

Acurácia: 94.9%

De 2000 amostras de teste, o modelo acertou 1898 (1102 + 796). Isso é um resultado ótimo para um problema de classificação binária.

Matriz de Confusão:

O que aconteceu?	Previu "Bom"	Previu "Ruim"
Era Realmente "Bom"	**Verdadeiro Positivo (1102)** *(Acerto: Lucro garantido)*	**Falso Negativo (45)** *(Erro: Perdeu um bom cliente)*
Era Realmente "Ruim"	**Falso Positivo (57)** *(Erro: Deu crédito a quem não paga)*	**Verdadeiro Negativo (796)** *(Acerto: evitou prejuízo)*

Para uma fintech, os **57 Falsos Positivos** representam o maior risco (aprovar quem vai dar calote). Já os **45 Falsos Negativos** representam custo de oportunidade (dinheiro deixado na mesa). Dependendo da estratégia da empresa, pode-se ajustar o limiar de decisão para minimizar um ou outro.

> *Como memorizar?* Pense assim: ***Positivo/Negativo*** *é o que o modelo disse (previu positivo ou negativo).* ***Verdadeiro/Falso*** *é se o modelo acertou ou errou.*

Por que retreinar com 100%?

A validação serve para medir a qualidade do modelo. Mas para o modelo de produção, queremos usar todos os dados disponíveis. Quanto mais dados, melhor o modelo generaliza. Por isso, após validar, retreinamos com o dataset completo antes de salvar.

MLOps: A Importância de Dados de Validação Consistentes

> *Para uma visão geral de MLOps e ciclo de vida de modelos, consulte o capítulo* ***Conceitos Fundamentais****. Aqui focamos em um aspecto crítico para a prática diária: a consistência dos dados de validação.*

Um erro comum em projetos de Machine Learning é comparar modelos usando datasets de validação diferentes. Isso torna qualquer comparação inválida.

Imagine duas versões de um modelo:

* **Modelo v1:** Acurácia 92% (validado com dataset A).

* **Modelo v2:** Acurácia 95% (validado com dataset B).

O v2 é melhor? Impossível saber se os datasets são diferentes. Talvez o dataset B seja mais fácil. Talvez o v1 teria 97% no dataset B.

A regra é simples: ao criar uma nova versão do modelo, você deve validar com os mesmos dados que foram usados para validar o modelo anterior. Os dados de treino podem mudar (normalmente crescem), mas os dados de validação devem ser fixos.

Na prática, isso significa:

1. **Separe um conjunto de validação "congelado"** — nunca use esses dados para treino.
2. **Versione esse dataset** junto com o código.
3. **Rode a validação em ambiente controlado** — mesma máquina, mesmas versões de dependências.

Só assim você consegue afirmar com confiança: "O modelo v2 melhorou 3% em relação ao v1."

Essa prática vale para qualquer modelo de IA: Rubix, FANN, TensorFlow, PyTorch. A ferramenta muda, o princípio permanece. Sem consistência nos dados de validação, você está comparando maçãs com laranjas.

> ***Em produção:*** *Muitas empresas mantêm um "golden dataset" de validação que nunca muda. Novos modelos são promovidos para produção apenas se superarem a performance do modelo atual nesse dataset específico.*

E se o dataset de validação *(o fiel da balança)* precisar mudar?

Às vezes isso é inevitável. O negócio muda, novos tipos de clientes surgem, ou você descobre que o dataset antigo tinha viés. Nesses casos, você tem duas opções:

1. **Começar uma "nova era":** Aceite que os modelos anteriores não são mais comparáveis. Arquive os benchmarks antigos e reinicie as métricas com o novo dataset. O modelo atual em produção vira o novo baseline.
2. **Revalidar todos os modelos:** Execute os modelos anteriores no novo dataset para obter métricas comparáveis. Isso só é possível se você versionou os modelos corretamente e ainda consegue carregá-los. E claro, oo formato e quantidade dos dados de entrada e saída ainda forem compatíveis.

A primeira opção é mais simples, mas você perde o histórico. A segunda é mais trabalhosa, mas mantém a rastreabilidade completa. Não existe escolha errada — o importante é documentar qual decisão foi tomada e por quê.

1. Carregando o Modelo

O Rubix oferece a classe `PersistentModel`, um wrapper que facilita carregar modelos persistidos:

```
use Rubix\ML\PersistentModel;
use Rubix\ML\Persisters\Filesystem;

function carregar_modelo(string $arq): PersistentModel
{
    if (!file_exists($arq)) {
        throw new RuntimeException("Modelo nao encontrado: {$arq}");
    }

    return PersistentModel::load(new Filesystem($arq));
}
```

O método estático `PersistentModel::load()` lê o arquivo `.rbx`, desserializa os bytes em objetos PHP e reconstrói a Floresta Aleatória completa, com todas as 100 árvores prontas para uso.

2. Criando um Dataset de Inferência

Na inferência, não conhecemos o rótulo (classe) do cliente. Usamos a classe `Unlabeled`:

```
use Rubix\ML\Datasets\Unlabeled;

$entrada = [0.8, 0.1, 0.9, 0.8, 0.6]; // Renda, Dívida, Score, Emprego, Idade
$dataset = new Unlabeled([$entrada]);
```

O Rubix exige que a entrada seja um array de amostras, mesmo que seja apenas uma. Por isso, passamos `[$entrada]` (um array contendo um array).

3. Previsão (predict)

O método `predict()` retorna um array com a classe prevista para cada amostra:

```
$classe = $modelo->predict($dataset)[0]; // Ex: 'bom' ou 'ruim'
```

4. Probabilidades (proba)

Aqui está uma das grandes vantagens do Rubix sobre modelos binários simples. O método `proba()` retorna as probabilidades de cada classe:

```
$probs = $modelo->proba($dataset)[0];
// Ex: ['bom' => 0.85, 'ruim' => 0.15]
```

Internamente, o Random Forest conta quantas das 100 árvores votaram em cada classe. Se 85 árvores votaram "bom" e 15 votaram "ruim", as probabilidades serão 0.85 e 0.15.

Essa informação é valiosa. Há uma diferença enorme entre:

* Negar crédito com 99% de certeza (cliente claramente arriscado).

* Negar crédito com 51% de certeza (caso duvidoso, pode merecer análise manual).

> ***O que é um Estimador Probabilístico?*** *Nem todos os algoritmos retornam probabilidades. O Random Forest é um* ***estimador probabilístico****: além de dizer a classe prevista, ele fornece a confiança percentual em cada classe. Isso acontece porque internamente ele conta quantas árvores "votaram" em cada opção.*

5. Função de Inferência Completa

```
function inferir(PersistentModel $modelo, array $entrada): array
{
    // RubixML espera features como array de arrays
    $dataset = new Unlabeled([$entrada]);

    $classe = $modelo->predict($dataset)[0];

    // Probabilidades (Random Forest suporta)
    try {
        $probs = $modelo->proba($dataset)[0];
    } catch (\Throwable $e) {
        $probs = [];
    }
```

```
    return [$classe, $probs];
}
```

O `try/catch` existe porque nem todos os estimadores do Rubix suportam o método `proba()`. O Random Forest suporta, mas se alguém trocar o algoritmo para um que não suporta, o código não quebra.

Código Completo: Inferência

Segue o código completo do script de inferência. Salve-o em `src/rubixml/inferir.php`:

```
#!/usr/bin/env php
<?php

/**
 * Inferencia RubixML - Motor de Credito (Risco)
 *
 * Classifica cliente como 'bom' (Bom Pagador) ou 'ruim' (Inadimplente).
 *
 * CLI: php inferir.php <modelo> <renda> <divida> <score> <emp> <idade>
 */

declare(strict_types=1);

namespace App\Rubix;

require_once __DIR__ . '/vendor/autoload.php';

use Rubix\ML\PersistentModel;
use Rubix\ML\Persisters\Filesystem;
use Rubix\ML\Datasets\Unlabeled;

function carregar_modelo(string $arq): PersistentModel
{
    if (!file_exists($arq)) {
        throw new RuntimeException("Modelo nao encontrado: {$arq}");
    }

    return PersistentModel::load(
        new Filesystem($arq)
    );
}

function inferir(PersistentModel $modelo, array $entrada): array
{
    // RubixML espera features como array de arrays
    $dataset = new Unlabeled([$entrada]);
```

```php
    $classe = $modelo->predict($dataset)[0];
    // Probabilidades só funcionam se o estimador suportar (RandomForest
suporta)
    try {
        $probs = $modelo->proba($dataset)[0];
    } catch (\Throwable $e) {
        $probs = [];
    }

    return [$classe, $probs];
}

// === CLI ===

if (isset($argv[0]) && realpath($argv[0]) === realpath(__FILE__)) {

    $dir = dirname(
        path: __FILE__,
        levels: 3
    );

    $modelo_padrao = $dir . '/models/rubixml/credit_risk.rbx';

    // Demo mode
    if ($argc === 1) {
        echo "============================================\n";
        echo "  INFERENCIA RUBIXML - CREDIT ENGINE DEMO\n";
        echo "============================================\n\n";

        if (!file_exists($modelo_padrao)) {
            fwrite(STDERR, "Modelo nao encontrado em: $modelo_padrao\n");
            exit(1);
        }

        $modelo = carregar_modelo($modelo_padrao);

        // Features: [Renda, Divida, Score, Emprego, Idade]
        // Lógica de Geração:
        // Score = +Renda -Divida +ScoreExt +Emprego

        $casos = [
            // [0] Bom Pagador: Renda Alta, Divida Baixa, Score Alto
            [0.8, 0.1, 0.9, 0.8, 0.6],

            // [1] Mau Pagador: Renda Baixa, Divida Alta
            [0.2, 0.9, 0.3, 0.2, 0.3],

            // [2] Incerto (Médio): Renda Média, Divida Média
            [0.5, 0.5, 0.5, 0.5, 0.4],
        ];

        echo "Modelo: {$modelo_padrao}\n\n";
        echo "Renda Divid Score Empr  Idade  Classe  Prob(bom)\n";
```

```
        echo "--------------------------------------------------\n";

        foreach ($casos as $e) {
            [$cls, $probs] = inferir($modelo, $e);

            // Probabilidade de ser 'bom'
            $prob_good = $probs['bom'] ?? 0.0;

            printf(
                "%.2f  %.2f  %.2f  %.2f  %.2f   %s    %.4f\n",
                $e[0], $e[1], $e[2],
                $e[3], $e[4],
                str_pad($cls, 4), $prob_good
            );
        }

        echo "--------------------------------------------------\n";
        exit(0);
    }

    // Manual Mode
    if ($argc < 7) {
        fwrite(STDERR,
            "Uso: php inferir.php <modelo> <renda> <divida> <score> <emp>
<idade>\n"
        );
        exit(1);
    }

    $arq = $argv[1];
    // Se passar 'default' ou arquivo não existir, tenta o padrão
    if ($arq === 'default' || !file_exists($arq)) {
        $arq = $modelo_padrao;
    }

    $e = [
        (float) $argv[2],
        (float) $argv[3],
        (float) $argv[4],
        (float) $argv[5],
        (float) $argv[6],
    ];

    $modelo = carregar_modelo($arq);
    [$cls, $probs] = inferir($modelo, $e);

    echo "Entrada: " . implode(' ', $e) . "\n";
    echo "Classe Prevista: {$cls}\n";
    print_r($probs);
}
```

Demonstração Prática

Execute o script de inferência sem argumentos para ver o modo de demonstração:

```
php src/rubixml/inferir.php
```

A saída será similar a:

```
==========================================
  INFERENCIA RUBIXML - CREDIT ENGINE DEMO
==========================================

Modelo: /app/models/rubixml/credit_risk.rbx

Renda Divid Score Empr  Idade  Classe  Prob(bom)
------------------------------------------------
0.80  0.10  0.90  0.80  0.60   bom     0.9962
0.20  0.90  0.30  0.20  0.30   ruim    0.0433
0.50  0.50  0.50  0.50  0.40   bom     0.9421
------------------------------------------------
```

Vamos interpretar cada linha:

* **Caso 1 (Bom Pagador):** Cliente com renda alta (0.80), dívida baixa (0.10), score alto (0.90) e bom tempo de emprego (0.80). O modelo retorna "bom" com 99% de certeza. Das 100 árvores do Random Forest, 99 votaram nessa classe.

* **Caso 2 (Mau Pagador):** Cliente com renda baixa (0.20), dívida alta (0.90), score baixo (0.30). O modelo retorna "ruim" com alta confiança. A probabilidade de ser "bom" é apenas 4%.

* **Caso 3 (Bom Pagador):** Todos os valores em 0.50. Esse é o teste mais interessante. O modelo classificou como "bom", com probabilidade de 94%. Isso significa que 95 das 100 árvores votaram em "bom".

Validando o Modelo

Até agora, treinamos e testamos com casos manuais. Mas como saber se o modelo realmente funciona bem para dados que ele nunca viu?

O Problema do Overfitting

Se treinarmos o modelo com 100% dos dados e testarmos com os mesmos dados, ele terá 99% de acurácia. Mas isso é uma ilusão — o modelo apenas "decorou" as respostas.

Para testar de verdade, precisamos separar os dados:

* **70-80%** para treinamento.

* **20-30%** para teste (dados que o modelo nunca viu).

O Rubix oferece o método `randomize()` e `split()` para isso:

```
$dataset->randomize();
[$training, $testing] = $dataset->split(0.8); // 80% treino, 20% teste

$estimator->train($training);
$predictions = $estimator->predict($testing);
```

Métricas de Avaliação

Com as previsões em mãos, precisamos medir o desempenho. As três métricas mais importantes para classificação são:

Acurácia (Accuracy)

Porcentagem de acertos total.

```
Acurácia = (Acertos / Total) × 100
```

Uma acurácia de 95% parece boa, mas pode ser enganosa. Se 95% dos dados são "bom", um modelo que sempre responde "bom" terá 95% de acurácia sem aprender nada.

Precisão (Precision)

Dos que o modelo disse serem "ruim", quantos realmente eram "ruim"?

```
Precisão(ruim) = Verdadeiros_Ruim / (Verdadeiros_Ruim + Falsos_Ruim)
```

Alta precisão significa poucos alarmes falsos.

Recall (Sensibilidade)

Dos que realmente eram "ruim", quantos o modelo conseguiu identificar?

```
Recall(ruim) = Verdadeiros_Ruim / (Verdadeiros_Ruim + Ruim_Não_Detectados)
```

Alto recall significa que poucos "ruins" escaparam.

Exemplo Prático com Rubix

O Rubix oferece classes prontas para calcular essas métricas:

```
use Rubix\ML\CrossValidation\Metrics\Accuracy;
use Rubix\ML\CrossValidation\Reports\ConfusionMatrix;

// Após treinar e prever
$predictions = $estimator->predict($testing);
$labels = $testing->labels();

// Calcular acurácia
$metric = new Accuracy();
$score = $metric->score($predictions, $labels);
echo "Acurácia: " . round($score * 100, 2) . "%\n";

// Matriz de Confusão
$report = new ConfusionMatrix();
$result = $report->generate($predictions, $labels);
print_r($result);
```

A **Matriz de Confusão** mostra visualmente os acertos e erros:

```
                Previsto
             | bom  | ruim |
   ----------|------|------|
R   bom      | 1850 |  50  |  <- acertos e erros para classe "bom"
e   ruim     |  30  | 670  |  <- acertos e erros para classe "ruim"
a
l
```

* **1850:** Verdadeiros Positivos (era bom, previu bom).

* **50:** Falsos Negativos (era bom, previu ruim).

* **30:** Falsos Positivos (era ruim, previu bom).

* **670:** Verdadeiros Negativos (era ruim, previu ruim).

Para o nosso problema de crédito, Falsos Positivos (aprovar quem vai dar calote) são mais graves que Falsos Negativos (negar quem pagaria). Ajustar o modelo para minimizar FP pode ser mais importante que maximizar acurácia geral.

Para 10.000 registros com 5 features:

* **Treinamento:** 2 a 5 segundos.

* **Inferência (por amostra):** Menos de 1 milissegundo.

* **Carregamento do modelo:** 50 a 200 milissegundos (uma vez, no início do script).

Esses números são aceitáveis para a maioria das aplicações web. Se você precisar de inferência em massa (milhões de requisições por segundo), considere uma solução em linguagem compilada ou aceleração por GPU. Para análise de crédito em fluxo normal de requisições, o Rubix ML em PHP é mais que suficiente.

Próximos Passos

Agora temos dois componentes funcionais:

1. **FANN:** Barra anomalias óbvias com baixíssima latência.
2. **RubixML:** Calcula a probabilidade de inadimplência.

Porém, sabemos o risco do cliente, mas ainda não sabemos qual **produto** oferecer. Um cliente com 96% de chance de ser bom pagador deve receber um cartão Platinum ou um Gold? E um cliente com 70%?

Essa decisão envolve múltiplos critérios: risco, potencial de lucro, perfil demográfico. É uma escolha que precisa ponderar interesses conflitantes.

No próximo capítulo, vamos implementar o **AHPd** para resolver esse problema.

Tomada de Decisão com AHPd

Nos capítulos anteriores, construímos dois modelos de IA:

1. **FANN:** Detecta anomalias e fraudes com baixíssima latência.
2. **RubixML:** Calcula a probabilidade de inadimplência do cliente.

Agora sabemos se o cliente é "bom" ou "ruim". Mas isso não responde a pergunta completa do negócio. Se o cliente tem 96% de chance de ser bom pagador, qual produto oferecemos? Um cartão Platinum com limite de R$ 50.000 ou um Gold com limite de R$ 10.000?

Essa é uma decisão **multicritério**. Precisamos ponderar vários fatores simultaneamente: risco, renda, tempo de emprego, idade, histórico. E essa decisão precisa ser **auditável** — se o cliente perguntar "por que não recebi o Platinum?", precisamos ter uma resposta matemática.

Para resolver isso, vamos usar o **AHPd** (AHP Data-Driven).

O AHP Tradicional

Antes de entender o AHPd, precisamos conhecer seu antecessor: o **AHP** (Analytic Hierarchy Process), criado por Thomas Saaty nos anos 1970.

O Problema das Comparações Par-a-Par

O AHP resolve problemas de decisão multicritério através de **comparações par-a-par**. A ideia é simples: em vez de avaliar todos os critérios juntos, você compara dois de cada vez.

Por exemplo, imagine que você está escolhendo um celular e tem 3 critérios: Preço, Câmera e Bateria. No AHP tradicional, você faria manualmente:

```
Preço vs Câmera: Preço é 3x mais importante (você prioriza economia)
Preço vs Bateria: Preço é 5x mais importante
Câmera vs Bateria: Câmera é 2x mais importante
```

Essas comparações formam uma **Matriz de Comparação Par-a-Par**:

	Preço	Câmera	Bateria
Preço	1	3	5
Câmera	1/3	1	2
Bateria	1/5	1/2	1

A diagonal é sempre 1 (Preço vs Preço = igual importância). Os valores abaixo da diagonal são os inversos dos valores acima.

Como o AHP Calcula os Pesos

A partir dessa matriz, o AHP calcula o **autovetor principal** (eigenvector), que resulta nos pesos de cada critério.

> ***O que é autovetor?*** *É um resultado matemático que representa a "importância relativa" de cada critério. Você não precisa entender a matemática — o algoritmo calcula isso automaticamente. O importante é saber que ele transforma suas comparações ("3x mais importante") em pesos percentuais.*

Critério	Peso Calculado	Interpretação
Preço	**63.7%**	Fator dominante (viés de economia)
Câmera	**25.8%**	Importância moderada
Bateria	**10.5%**	Fator de menor impacto

Esses pesos são então usados para avaliar as alternativas. Se Celular A tem melhor preço mas pior câmera que Celular B, o AHP pondera essas diferenças usando os pesos calculados.

O Problema: Subjetividade

Perceba que todo o processo depende de uma pergunta subjetiva: "Quanto mais importante é Preço comparado com Câmera?"

Quando uma pessoa responde "3x mais importante", ela está injetando **viés pessoal** no modelo. Duas pessoas diferentes dariam respostas diferentes. Pior: a mesma pessoa pode dar respostas diferentes dependendo do humor ou da hora do dia.

Em um ambiente corporativo, isso gera problemas:

1. **Auditoria:** Como justificar que "3x" era o valor correto?
2. **Consistência:** Diferentes analistas produzem rankings diferentes.
3. **Escala:** Não é possível automatizar um processo que depende de opinião humana.

O AHPd: A Evolução Data-Driven

> ***Nota sobre a Implementação:***
> *Utilizamos aqui a extensão* `ahpd` *para garantir performance máxima no cálculo estatístico e limpeza no código PHP. Entretanto, é vital entender que o* ***AHP (Analytic Hierarchy Process)*** *é um conceito matemático universal da Pesquisa Operacional.*
>
> *Você poderia implementar a mesma lógica usando arrays puros em PHP, bibliotecas em Python ou até em SQL. O valor aqui não está na extensão em si, mas na* ***metodologia*** *de usar a dispersão dos dados para eliminar a subjetividade humana da tomada de decisão.*

O **AHPd** (AHP Data-Driven) resolve o problema da subjetividade de forma inteligente: **os pesos são calculados automaticamente a partir dos próprios dados**.

Em vez de perguntar "quanto mais importante é Preço?", o AHPd analisa a **dispersão estatística** dos valores de cada critério e calcula os pesos automaticamente.

O Princípio

Se você está comparando 4 celulares e os preços variam de R$ 800 a R$ 4.000, mas as baterias variam apenas de 4.000 mAh a 4.500 mAh, o AHPd entende que:

- Preço tem alta variância → mais poder discriminante → peso maior.
- Bateria tem baixa variância → pouca diferença entre opções → peso menor.

Faz sentido intuitivo: se todos os celulares têm bateria similar, a bateria não deveria ser o fator principal de decisão.

Exemplo numérico de dispersão:

Aspecto	Celular A	Celular B	Celular C	Variação
Preço	R$ 800	R$ 2.500	R$ 4.000	**5x** (alta)
Bateria	4.000 mAh	4.200 mAh	4.500 mAh	**12%** (baixa)

O AHPd automaticamente atribui peso maior ao Preço (varia muito) e peso menor à Bateria (varia pouco).

O Processo do AHPd

1. **Defina os critérios e se cada um deve ser maximizado ou minimizado.**
2. **Forneça os dados brutos** (sem normalização prévia).
3. **O AHPd calcula automaticamente:**
   - A dispersão de cada critério.
   - Os pesos de importância baseados nessa dispersão.
   - O ranking final das alternativas.

O resultado é um ranking percentual auditável, onde você pode explicar exatamente por que cada alternativa recebeu sua pontuação.

> ***Entendendo o Ranking Percentual:*** *Os valores do ranking são proporcionais e sempre somam 1.0 (100%). Pense neles como "fatias de uma pizza de adequação". Se o Cliente A tem 0.35 e o Cliente B tem 0.25, o Cliente A é ~40% mais adequado aos critérios definidos.*

Instalando o AHPd no PHP

O AHPd é distribuído como uma **extensão PHP** nativa. Isso significa performance de código compilado, não de script interpretado.

Para verificar se a extensão está carregada:

```
if (!extension_loaded('ahpd')) {
    die("Extensão 'ahpd' não está carregada.\n");
}
```

Usando o AHPd no Motor de Crédito

No nosso sistema, o AHPd resolve o problema de **seleção de produto**. Dado um cliente com determinado perfil, qual cartão oferecer?

A estratégia é comparar o cliente contra **benchmarks** (perfis de referência):

- **Benchmark Gold:** Cliente ideal de alta renda.
- **Benchmark Silver:** Cliente médio.
- **Benchmark Bronze:** Cliente de entrada.

Para visualizar melhor, aqui estão os valores definidos para cada perfil:

Critério	Gold	Silver	Bronze
Renda	R$ 25.000	R$ 8.000	R$ 3.000
Dívida	R$ 2.000	R$ 5.000	R$ 3.000
Score	900	700	450
Emprego	60 meses	24 meses	6 meses
Idade	45 anos	30 anos	22 anos
Prob. Bom	98%	85%	70%

O AHPd ranqueia o cliente em relação a esses benchmarks. Se o cliente ficar melhor posicionado que o Benchmark Silver, ele merece o produto Gold.

O Código

Para melhorar a análise, integramos o resultado do RubixML — a probabilidade de ser bom pagador (`prob_bom`) — como um critério adicional no AHPd:

```php
<?php
// src/ahpd/decidir.php

namespace App\AHPd;

use AHPd\Data;

function decidir_limite(array $cliente): array
{
    $ahp = new Data();

    // 1. Definir Critérios (Max/Min)
    // NOVO: prob_bom = probabilidade de ser bom pagador (do RubixML)
    $ahp->setCriteria([
        'renda'    => 'max', // Maior renda é melhor
        'score'    => 'max', // Maior score é melhor
        'emprego'  => 'max', // Mais tempo é melhor
        'idade'    => 'max', // Mais velho = mais estabilidade
        'divida'   => 'min', // Menor dívida é melhor
        'prob_bom' => 'max', // Maior probabilidade de ser bom pagador é melhor
    ]);

    // 2. Definir Benchmarks com expectativa de prob_bom
    $ahp->setOption('Benchmark Gold', [
        'renda'    => 25000,
        'divida'   => 2000,
        'score'    => 900,
        'emprego'  => 60, // 5 anos
        'idade'    => 45,
        'prob_bom' => 0.98, // Esperamos 98% para Gold
    ]);

    $ahp->setOption('Benchmark Silver', [
        'renda'    => 8000,
        'divida'   => 5000,
        'score'    => 700,
        'emprego'  => 24, // 2 anos
        'idade'    => 30,
        'prob_bom' => 0.85, // Esperamos 85% para Silver
    ]);

    $ahp->setOption('Benchmark Bronze', [
        'renda'    => 3000,
```

```
        'divida'   => 3000,
        'score'    => 450,
        'emprego'  => 6,  // 6 meses
        'idade'    => 22,
        'prob_bom' => 0.70, // Esperamos 70% para Bronze
    ]);

    // 3. Adicionar o Cliente Atual
    $ahp->setOption('Cliente Atual', $cliente);

    // 4. Executar
    $resultado = $ahp->run();
    $rank = $resultado['rank'];

    // 5. Ordenar do melhor para o pior
    arsort($rank);

    return $rank;
}
```

Entendendo o Código

`setCriteria()` define os critérios e se cada um deve ser maximizado ou minimizado:

- `'max'` : Valores maiores são melhores (renda, score).
- `'min'` : Valores menores são melhores (dívida).

`setOption()` adiciona uma alternativa para comparação. Cada alternativa é um array associativo com os mesmos critérios.

`run()` executa o cálculo e retorna um array com:

- `'rank'` : Pontuação final de cada alternativa (soma = 1.0).
- `'contribution'` : Detalhes de quanto cada critério contribuiu.

O script `decidir.php` inclui um modo demo que testa dois cenários:

```
============================================
  DECISAO DE LIMITES (AHPd + RubixML)
============================================

--- Caso 1: Cliente Alto Padrao ---
Renda: R$ 18000
Divida: R$ 1500
Score: 850
Emprego: 48 meses
```

```
Idade: 40 anos
Prob. Bom (RubixML): 96%

Ranking de Prioridade:
1. Benchmark Gold       : 0.3833
2. Cliente Atual        : 0.3356
3. Benchmark Silver     : 0.1727
4. Benchmark Bronze     : 0.1083

Analise: Ofertar Cartao GOLD/PLATINUM

--- Caso 2: Cliente Iniciante ---
Renda: R$ 2500
Divida: R$ 500
Score: 400
Emprego: 3 meses
Idade: 19 anos
Prob. Bom (RubixML): 55%

Ranking de Prioridade:
1. Benchmark Gold       : 0.4582
2. Cliente Atual        : 0.2313
3. Benchmark Silver     : 0.2001
4. Benchmark Bronze     : 0.1104

Analise: Ofertar Cartao GOLD/PLATINUM
```

Interpretando os Resultados

Caso 1 (Cliente Alto Padrão):

O cliente tem renda de R$ 18.000, score 850, dívida de R$ 1.500, e o RubixML calculou 96% de probabilidade de ser bom pagador. O AHPd calculou:

- O cliente ficou em **2º lugar** (0.3356), logo abaixo do Benchmark Gold (0.3833).
- Ele está **bem acima** do Benchmark Silver (0.1727).

A lógica de negócio conclui: ofertar produto Gold/Platinum. ✓

Caso 2 (Cliente Iniciante) — Surpreendente:

O cliente tem renda de R$ 2.500, score 400, apenas 3 meses de emprego, e o RubixML calculou apenas 55% de probabilidade de ser bom. Mesmo com `prob_bom` baixo, o AHPd calculou:

- O cliente ficou em **2º lugar** (0.2313), acima do Silver (0.2001) e Bronze (0.1104).

Por que isso ainda acontece? A dívida de R$ 500 continua sendo um fator muito positivo. Mesmo adicionando `prob_bom`, o AHPd considera **todos os critérios em conjunto**. Se o cliente tem dívida muito baixa e a dívida tem alta dispersão entre as alternativas, esse critério recebe peso alto.

A lição: O AHPd é matematicamente correto, mas precisa de regras de corte de negócio:

```
if ($cliente['renda'] < 3000 || $cliente['score'] < 450 || $cliente['prob_bom']
< 0.65) {
    return 'BASICO'; // Critérios de corte
}
// Só depois consulta o AHPd para decidir entre Gold/Silver/Bronze
```

Essa combinação de **regras de corte + AHPd** é a forma correta de usar a ferramenta em produção.

> ***IMPORTANTE:*** *O AHPd não substitui regras de negócio! Ele é uma calculadora sofisticada, não um tomador de decisão. Sempre combine o ranking do AHPd com critérios mínimos de elegibilidade e limites máximos de exposição ao risco.*

O AHPd Como Ferramenta Auxiliar

O Caso 2 ilustra um ponto importante: o AHPd é uma **ferramenta de cálculo**, não um **tomador de decisão**.

O Que o AHPd Faz

O AHPd faz exatamente o que foi programado para fazer:

1. Recebe critérios com direção (max/min).
2. Recebe alternativas com valores.
3. Calcula pesos baseados na dispersão estatística.
4. Retorna um ranking percentual.

Ele não "sabe" que um cliente com renda de R$ 2.500 e score 400 não deveria receber um cartão Gold, independente da dívida. Essa é uma regra de negócio que precisa ser codificada separadamente.

O Valor Real do AHPd

O AHPd funciona quando você tem **múltiplas alternativas elegíveis** e precisa ranqueá-las de forma objetiva:

- Três fornecedores aprovados — qual oferece melhor custo-benefício?
- Cinco candidatos qualificados — qual priorizar para entrevista?
- Dez clientes Gold — qual recebe a oferta de upgrade para Platinum?

Nessas situações, o AHPd **reduz o esforço cognitivo**. Em vez de um analista ponderar mentalmente dezenas de critérios (sujeito a viés, fadiga e inconsistência), o AHPd fornece um ranking matemático auditável.

A Decisão Final Ainda é Humana

Nenhuma ferramenta de IA — seja AHPd, FANN ou RubixML — deve ser o decisor final em sistemas críticos. A arquitetura correta é:

```
Dados → IA (cálculo) → Recomendação → Humano (decisão) → Ação
```

O AHPd diz: "Matematicamente, o Cliente X é 34% melhor que o benchmark Silver."

O humano decide: "Ok, mas ele tem apenas 3 meses de emprego. Vou aprovar Silver, não Gold, e revisar em 6 meses."

Essa combinação de **cálculo objetivo + julgamento contextual** é mais poderosa que qualquer um dos dois sozinhos.

Limiares de Segurança para Sistemas Automatizados

Quando volume ou velocidade exigem decisão sem intervenção humana, você precisa codificar o "julgamento humano" em **regras de segurança**. Essas regras cercam o AHPd (e deve cercar qualquer sistema automatizado), garantindo que decisões absurdas nunca sejam executadas.

Na prática, isso significa implementar três camadas de proteção, que funcionam como um funil de segurança:

```
      ENTRADA (Cliente)
          |
          v
+------------------------+
| 1. ELEGIBILIDADE       |  <-- Barra perfis inaceitáveis
| (Renda mínima, Idade)  |      (Ex: Menor de idade, renda zero)
+------------------------+
          |
          v
+------------------------+
| 2. MOTOR AHPd          |  <-- Escolhe o melhor produto
| (Ranking vs Benchmarks)|      (Ex: Sugere "Platinum")
+------------------------+
          |
          v
+------------------------+
| 3. REGRAS DE LIMITE    |  <-- Trava valores máximos
| (Teto por Renda)       |      (Ex: Platinum sim, mas limite 5k)
+------------------------+
          |
          v
     OFERTA FINAL
```

Vamos detalhar cada camada:

1. Critérios de Elegibilidade (Pré-AHPd)

Antes de consultar o AHPd, verifique se o candidato atende requisitos mínimos:

```
function cliente_elegivel(array $cliente): bool
{
    // Requisitos mínimos absolutos
    if ($cliente['renda'] < 2000) return false;       // Renda mínima
    if ($cliente['score'] < 300) return false;        // Score mínimo
    if ($cliente['emprego'] < 1) return false;        // Pelo menos 1 mês

    // Proporções máximas
    if ($cliente['divida'] / $cliente['renda'] > 0.5)
        return false; // Dívida < 50% da renda

    return true;
}
```

2. Limites por Produto (Pós-AHPd)

Mesmo que o AHPd ranqueie o cliente acima do benchmark Gold, imponha limites:

```
function limite_maximo_por_produto(string $produto, array $cliente): float
```

```
{
    $limites = [
        'PLATINUM' => min($cliente['renda'] * 5, 100000),
        'GOLD'     => min($cliente['renda'] * 3, 50000),
        'SILVER'   => min($cliente['renda'] * 2, 20000),
        'BASICO'   => min($cliente['renda'] * 1, 5000),
    ];

    return $limites[$produto] ?? 1000;
}
```

Isso garante que a exposição ao risco seja controlada por multiplicadores fixos baseados na renda:

Produto	Multiplicador de Renda	Teto Máximo (Hard Limit)
Platinum	5x	R$ 100.000
Gold	3x	R$ 50.000
Silver	2x	R$ 20.000
Básico	1x	R$ 5.000

Assim, mesmo que o AHPd sugira Gold para alguém com renda de R$ 2.500, o limite será `2500 * 3 = R$ 7.500`, não R$ 50.000.

3. Bandeiras de Revisão Humana

Certas condições devem disparar revisão manual, mesmo em sistemas automatizados:

```
function requer_revisao_humana(array $cliente, string $decisao): bool
{
    // Primeira vez do cliente
    if ($cliente['tempo_cadastro_meses'] < 3) return true;

    // Divergência grande entre score e renda
    if ($cliente['score'] < 500 && $cliente['renda'] > 15000) return true;

    // Decisão de alto valor
    if ($decisao === 'PLATINUM') return true;

    return false;
}
```

Essas três camadas formam uma **rede de segurança** que permite ao AHPd operar automaticamente em 90% dos casos (os triviais), enquanto direciona os 10% complexos para análise humana.

AHP Tradicional vs AHPd: Comparação

Aspecto	AHP Tradicional	AHPd
Fonte dos Pesos	Opinião humana (comparação par-a-par)	Dados (dispersão estatística)
Subjetividade	Alta	Zero
Auditabilidade	Difícil - depende de quem fez a comparação	Total - baseado em matemática reproduzível
Escalabilidade	Baixa - requer analista humano	Alta - 100% automatizável
Consistência	Varia conforme o avaliador	Sempre igual para os mesmos dados
Preparação de Dados	Requer normalização	Aceita dados brutos

Quando Usar o AHPd

O AHPd é ideal para:

1. **Decisões que precisam ser justificadas** (regulação, compliance).
2. **Alto volume de decisões** (milhares de clientes por dia).
3. **Ambientes onde subjetividade é um risco** (crédito, seguros, licitações).

O AHP tradicional **deve ser usado** quando:

1. Você **precisa** de julgamento humano especializado (decisões estratégicas únicas).
2. Os dados quantitativos não capturam toda a complexidade do problema.

Considerações sobre Performance

O AHPd é uma extensão PHP compilada em C, então a performance é excelente:

- Decisão com 5 critérios e 4 alternativas: < 1ms.
- Decisão com 20 critérios e 100 alternativas: < 10ms.

Para aplicações web típicas, o tempo do AHPd é desprezível quando comparado à latência de rede.

Integrando com FANN e RubixML

No fluxo completo do Motor de Crédito:

```
[Cliente]
    |
    v
  [FANN] --(Fraude?)--> [BLOQUEAR]
    | (Não)
    v
[RubixML] --(Inadimplência?)--> [Risco %]
    |
    v
  [AHPd] --(Comparação)--> [PRODUTO FINAL]
```

1. **FANN** barra fraudes óbvias em microssegundos.
2. **RubixML** calcula a probabilidade de inadimplência.
3. **AHPd** decide qual produto oferecer, considerando múltiplos critérios.

Cada ferramenta resolve um problema específico, e juntas formam um sistema de decisão completo.

Próximos Passos

Agora temos os três componentes funcionais:

1. **FANN:** Detecção de fraude.
2. **RubixML:** Classificação de risco.
3. **AHPd:** Seleção de produto.

Integrando IA com MCP

Nos capítulos anteriores, construímos um motor de inferência completo usando três ferramentas distintas:

1. **FANN:** Detecta fraudes e anomalias em microssegundos.
2. **RubixML:** Calcula a probabilidade de inadimplência do cliente.
3. **AHPd:** Decide qual produto de crédito oferecer com base em múltiplos critérios.

Cada uma dessas ferramentas resolve uma parte do problema. Mas quem orquestra tudo? Quem apresenta os resultados ao usuário final de forma natural? Quem traduz "risco de 23% de inadimplência" para "recomendamos o cartão Silver com limite de R$ 5.000"?

A resposta está na integração com **LLMs** (Large Language Models) — modelos de linguagem que podem interpretar intenções humanas, executar ferramentas e formular respostas naturais. E para fazer essa integração de forma padronizada, vamos usar o **MCP** (Model Context Protocol).

Aviso: Requisitos de Hardware

Antes de continuar, precisamos ser honestos: rodar LLMs localmente **não é para qualquer máquina**. Este capítulo exige recursos computacionais significativos.

O que você vai precisar

Componente	Mínimo	Recomendado
GPU NVIDIA	6 GB VRAM	12+ GB VRAM
RAM	16 GB	32 GB
Disco	20 GB livres	SSD NVMe
CPU	4 cores	8+ cores

Por que essa exigência?

Os modelos de linguagem são **redes neurais massivas.** O Llama 3.1 com 8 bilhões de parâmetros, que usaremos neste capítulo, precisa carregar todos esses parâmetros na memória da GPU para inferência eficiente.

Cada parâmetro ocupa bytes na memória. Com quantização de 4 bits (a técnica que comprime os pesos para ocupar menos espaço), ainda são aproximadamente:

```
8 bilhões × 0.5 byte ≈ 4 GB de VRAM mínimo
```

Na prática, com overheads de contexto, ativações e buffers, você precisa de pelo menos 6-8 GB de VRAM para rodar o modelo confortavelmente.

Alternativas para hardware limitado

Se você não tem uma GPU potente, ainda pode acompanhar este capítulo:

Alternativa	Prós	Contras
CPU only	Funciona em qualquer máquina	Muito lento (~10-30 seg/resposta)
Modelos menores	Gemma 2B, Phi-3 Mini	Menos capazes, podem errar
APIs cloud	OpenAI, Anthropic, Groq	Custo, dependência de internet
Ollama Cloud	Fácil de configurar	Latência de rede

Para este livro, optamos pelo **Ollama rodando localmente** porque:

1. **Privacidade:** Os dados de crédito não saem da sua máquina.
2. **Custo:** Sem cobranças por token depois do hardware inicial.
3. **Controle:** Podemos customizar o modelo exatamente como precisamos.
4. **Didática:** Entender a infraestrutura completa é parte do aprendizado.

O que vamos construir

Ao final deste capítulo, teremos uma assistente chamada **Lina** – uma IA especializada em análise de crédito que:

1. Conversa naturalmente em português brasileiro.
2. Entende quando o usuário quer analisar um cliente.
3. Usa nossas ferramentas FANN, RubixML e AHPd automaticamente.
4. Explica os resultados de forma clara e humana.

Arquitetura de alto nível

```
┌──────────────────────────────────────────────────┐
│                    USUÁRIO                       │
│                 (Terminal CLI)                   │
└──────────────────────────────────────────────────┘
                        │
                        ▼
┌──────────────────────────────────────────────────┐
│                   chat.php                       │
│             (Cliente de Chat CLI)                │
│  - Lê entrada do usuário                         │
│  - Envia para middleware                         │
│  - Exibe respostas                               │
└──────────────────────────────────────────────────┘
                        │
                        ▼
┌──────────────────────────────────────────────────┐
│                  middle.php                      │
│              (Middleware PHP)                    │
│  - Injeta system prompt (SOUL.md)                │
│  - Gerencia loop de tool-calling                 │
│  - Comunica com Ollama e MCP                     │
└──────────────────────────────────────────────────┘
              │                          │
              ▼                          ▼
┌────────────────┐          ┌────────────────────┐
│     Ollama     │          │     server.php     │
│ (LLM llama3.1) │          │  (Servidor MCP)    │
│                │          │                    │
│ - Interpreta   │◄────────►│ - Define ferramentas│
│   intenções    │tool calls│ - Executa FANN/Rubix/AHP│
│ - Gera respostas│         │ - Retorna resultados│
└────────────────┘          └────────────────────┘
                                       │
                                       ▼
                    ┌────────────────────────────┐
```

```
│        Modelos PHP          │
│  ┌────────┬────────┬────────┐  │
│  │ FANN    │ RubixML │ AHPd    │  │
│  │(fraude) │(risco)  │(oferta) │  │
│  └────────┴────────┴────────┘  │
└──────────────────────────────┘
```

O fluxo de uma pergunta

Quando o usuário digita "analise o cliente 1004", acontece o seguinte:

1. **chat.php** recebe a entrada e envia para o Ollama via middleware.
2. **Ollama** interpreta a intenção e decide chamar `buscar_cliente(id=1004)`.
3. **middle.php** recebe a chamada de ferramenta e repassa para o servidor MCP.
4. **server.php** busca os dados do cliente no CSV e retorna *(poderia ser em um banco de dados)*.
5. **Ollama** recebe os dados e decide chamar `analisar_cliente(...)`.
6. **server.php** executa FANN, RubixML e AHPd com os dados do cliente.
7. **Ollama** recebe os resultados e formula uma resposta natural.
8. **chat.php** exibe: "Analisei o perfil de 'fulano'. Ele foi aprovado para o cartão Silver..."

Todo esse fluxo acontece em segundos, com o LLM orquestrando as chamadas de ferramentas de forma inteligente.

MCP vs RAG: Qual a diferença?

Você pode estar pensando: *"Por que não usar RAG (Retrieval-Augmented Generation) para isso?"*

Aspecto	RAG	MCP
O que faz	Busca documentos relevantes e injeta no contexto	Define ferramentas que o LLM pode executar
Caso de uso	Perguntas sobre conhecimento (docs, artigos)	Ações que modificam ou consultam sistemas
Exemplo	"Qual a política de crédito da empresa?"	"Analise o cliente 1004"
Arquitetura	Embeddings + Vector DB	JSON-RPC + Executores

No nosso caso, precisamos **executar código** — rodar modelos de ML, fazer cálculos, buscar dados. Isso é o domínio do MCP, não do RAG.

RAG seria útil se quiséssemos que a Lina respondesse perguntas sobre regulamentação de crédito ou políticas internas. Os dois padrões são complementares, não concorrentes.

O Protocolo MCP

O MCP (Model Context Protocol) é um padrão aberto que define como LLMs podem interagir com ferramentas externas. Ele foi criado pela Anthropic em 2024 e rapidamente ganhou adoção da comunidade.

No próximo arquivo, vamos explorar o MCP em profundidade: sua história, filosofia, concorrentes e especificação técnica. Por ora, basta entender que ele nos permite:

1. **Definir ferramentas** com schemas JSON claros.
2. **Registrar** essas ferramentas para que o LLM as conheça.
3. **Executar** as ferramentas quando o LLM as chamar.
4. **Retornar** resultados que o LLM pode interpretar.

É um protocolo simples que transforma LLMs de "programas que respondem perguntas" em "agentes que executam tarefas".

Protocolo MCP

O **MCP** (Model Context Protocol) representa uma das evoluções mais significativas na forma como integramos modelos de linguagem (LLMs) com sistemas externos. Para entender sua importância, precisamos primeiro compreender o problema que ele resolve e o contexto histórico que levou à sua criação.

Este capítulo adota um tom mais acadêmico que os anteriores. O MCP é um padrão em evolução ativa, com implicações profundas para o futuro do desenvolvimento de software. Merece ser tratado com o rigor que a comunidade técnica espera.

O Problema da Fragmentação

Era pré-2023: Integrações ad-hoc

Antes de 2023, integrar modelos de linguagem com sistemas externos era um exercício de criatividade — e frustração. Cada desenvolvedor inventava sua própria solução:

- **Prompts estruturados:** "Responda sempre em JSON com a estrutura {action, params}".
- **Parsers de texto:** Expressões regulares tentando extrair comandos de texto livre.
- **Wrappers customizados:** Camadas de código para interpretar respostas do modelo.

Essas abordagens tinham problemas graves:

1. **Fragilidade:** Pequenas mudanças no prompt quebravam parsers.
2. **Alucinação:** O modelo inventava ações inexistentes.
3. **Inconsistência:** Cada projeto tinha sua própria "linguagem".
4. **Falta de validação:** Parâmetros errados só eram descobertos em runtime.

2023: OpenAI Function Calling

Em junho de 2023, a OpenAI introduziu o **Function Calling** nos modelos GPT-3.5 e GPT-4. Esta foi a primeira tentativa séria de padronização.

O conceito era simples: em vez de pedir ao modelo que gere texto descrevendo uma ação, você define **funções** com schemas JSON. O modelo, quando apropriado, retorna um objeto estruturado indicando qual função chamar e com quais argumentos:

```
{
  "name": "buscar_cliente",
  "arguments": {
    "id": "1004"
  }
}
```

O desenvolvedor executa a função e retorna o resultado ao modelo, que então formula a resposta final.

Vantagens:

- Estrutura garantida (JSON Schema validável).
- Redução drástica de alucinações sobre ferramentas.
- Documentação clara das capacidades do modelo.

Limitações:

- Proprietário da OpenAI.
- Sem padrão de transporte ou descoberta de ferramentas.
- Cada integração era uma implementação do zero.

2023-2024: A proliferação de soluções

O sucesso do Function Calling inspirou outras empresas e projetos:

Solução	Criador	Data	Características
Claude Tools	Anthropic	Março 2024	Similar ao OpenAI, API própria
LangChain Tools	LangChain	2023	Framework Python, abstração sobre APIs
LlamaIndex Tools	LlamaIndex	2023	Focado em RAG + funções
Semantic Kernel	Microsoft	2023	C#/Python, integração Azure
OpenAI Plugins	OpenAI	2023 (descont.)	Descoberta via manifesto, descontinuado

Cada solução usava seu próprio formato, transporte e convenções. Um desenvolvedor que quisesse suportar múltiplos provedores precisava implementar adaptadores para cada um.

O problema de fragmentação que o Function Calling prometia resolver foi substituído por uma **nova fragmentação** — agora no nível de frameworks e provedores.

A Criação do MCP

Novembro de 2024: Anthropic publica o MCP

Em 25 de novembro de 2024, a Anthropic publicou a especificação do **Model Context Protocol** como um projeto open-source. O anúncio foi acompanhado de SDKs para TypeScript e Python, além de integrações prontas com o Claude Desktop.

A motivação era: a Anthropic, criadora do Claude, percebeu que a fragmentação de protocolos prejudicava todo o ecossistema — incluindo seus próprios clientes. Um padrão aberto beneficiaria todos.

Filosofia do MCP

O MCP foi projetado com princípios explícitos:

1. Agnóstico a vendor

O protocolo não depende de nenhum provedor específico. Funciona igualmente com Claude, GPT-4, Llama, Mistral ou qualquer outro LLM que suporte chamada de ferramentas.

2. Inspirado no LSP

O **Language Server Protocol** (LSP), criado pela Microsoft para editores de código, provou que um protocolo padrão pode unificar ecossistemas fragmentados. Antes do LSP, cada IDE implementava suporte a cada linguagem separadamente. Depois do LSP, um único servidor de linguagem funciona em qualquer editor compatível.

O MCP aplica a mesma ideia: um único servidor de ferramentas funciona com qualquer cliente MCP.

```
Antes do LSP:                     Depois do LSP:
┌────────┐     ┌────────┐         ┌────────┐
│ VSCode │────►│ Python │         │ VSCode │──┐
└────────┘     └────────┘         └────────┘  │   ┌────────────┐
                                              ├──►│ LSP Server │
┌────────┐     ┌────────┐                     │   │  (Python)  │
│  Vim   │────►│ Python │         ┌────────┐  │   └────────────┘
└────────┘     └────────┘         │  Vim   │──┘
                                  └────────┘
┌────────┐     ┌────────┐
│ Emacs  │────►│ Python │         ┌────────┐      ┌────────────┐
└────────┘     └────────┘         │ Emacs  │─────►│ LSP Server │
                                  └────────┘      │  (Python)  │
(N×M implementações)                              └────────────┘
                                  (N + M implementações)
```

3. Três capacidades fundamentais

O MCP define três tipos de capacidades que um servidor pode oferecer:

Capacidade	Descrição	Exemplo
Resources	Dados que o modelo pode ler	Arquivos, páginas web, schemas de DB
Tools	Ações que o modelo pode executar	Analisar cliente, enviar email
Prompts	Templates de interação pré-definidos	Wizards, workflows guiados

No nosso projeto, focamos em **Tools** — as ferramentas que a Lina pode executar para analisar clientes.

4. Transporte flexível

O MCP suporta múltiplos mecanismos de transporte:

- **stdio:** Comunicação via entrada/saída padrão (ideal para processos locais).
- **HTTP + SSE:** Requisições HTTP com Server-Sent Events para streaming.
- **WebSocket:** Conexão bidirecional persistente.

A especificação é agnóstica ao transporte — a semântica das mensagens é a mesma.

Dezembro de 2025: Linux Foundation

Em 9 de Dezembro de 2025, a Linux Foundation anunciou que o MCP seria doado para a fundação e desenvolvido sob governança aberta.

Esta foi uma validação significativa:

1. **Neutralidade garantida:** A Linux Foundation é uma entidade sem fins lucrativos, sem interesses comerciais em nenhum provedor de LLM.
2. **Governança comunitária:** Decisões sobre o protocolo serão tomadas por um comitê técnico com representantes de múltiplas organizações.
3. **Adoção corporativa:** Empresas como Google, Microsoft e Meta são mais propensas a adotar padrões governados por fundações neutras.
4. **Longevidade:** Projetos sob a Linux Foundation tendem a sobreviver à empresa criadora original.

A entrada na Linux Foundation também significa que o MCP seguirá processos formais de evolução, com RFCs, períodos de comentário público e versionamento semântico.

Análise Comparativa

Para entender onde o MCP se posiciona, vamos compará-lo detalhadamente com as alternativas:

MCP vs OpenAI Function Calling

Aspecto	OpenAI Function Calling	MCP
Padrão	Proprietário OpenAI	Aberto (Linux Foundation)
Descoberta	Manual (você passa as funções)	Dinâmica (servidor lista tools)
Transporte	HTTP (API OpenAI)	stdio, HTTP, WebSocket
Recursos	Apenas funções	Tools + Resources + Prompts
Streaming	Parcial	Nativo (SSE)
Independência	Acoplado à OpenAI	Funciona com qualquer LLM

O Function Calling da OpenAI é eficiente se você está exclusivamente no ecossistema OpenAI. O MCP é preferível quando você quer flexibilidade de provedores ou precisa de capacidades além de funções simples.

MCP vs LangChain Tools

Aspecto	LangChain Tools	MCP
Natureza	Framework Python	Protocolo agnóstico
Linguagem	Python (primário)	Qualquer (JSON-RPC)
Acoplamento	Alto (depende do LangChain)	Baixo (qualquer client/server)
Overhead	Significativo	Mínimo
Caso de uso	Prototipagem rápida	Produção, interoperabilidade

LangChain é excelente para prototipagem em Python. Para sistemas de produção em outras linguagens (como PHP), ou para interoperabilidade entre serviços, o MCP oferece uma base mais sólida.

MCP vs Semantic Kernel

Aspecto	Semantic Kernel	MCP
Criador	Microsoft	Anthropic → Linux Foundation
Foco	Ecossistema Azure	Agnóstico
Linguagens	C#, Python	Qualquer
Plugins	Formato próprio	Padrão MCP
Orquestração	Planner integrado	Responsabilidade do LLM

O Semantic Kernel oferece mais funcionalidades "out of the box" (planejamento, memória), mas ao custo de maior acoplamento ao ecossistema Microsoft.

Especificação Técnica do MCP

Arquitetura

O MCP segue o modelo cliente-servidor:

```
┌──────────────────┐                    ┌──────────────────┐
│    MCP Client    │                    │    MCP Server    │
│   (Host + LLM)   │◄─── JSON-RPC ────► │  (Ferramentas)   │
└──────────────────┘                    └──────────────────┘
```

- **MCP Client:** O "host" que controla a conexão. Pode ser um aplicativo desktop, CLI, ou serviço web. O LLM roda aqui ou é acessado daqui.
- **MCP Server:** Expõe recursos, ferramentas e prompts. Pode ser um processo separado ou um serviço remoto.

Protocolo JSON-RPC 2.0

O MCP usa **JSON-RPC 2.0** como formato de mensagem. Isso significa:

Requisição:

```
{
  "jsonrpc": "2.0",
  "id": 1,
  "method": "tools/list",
  "params": {}
}
```

Resposta:

```
{
  "jsonrpc": "2.0",
  "id": 1,
  "result": {
    "tools": [
      {
        "name": "buscar_cliente",
        "description": "Busca dados de um cliente pelo ID",
        "inputSchema": {
          "type": "object",
          "properties": {
            "id": {"type": "string"}
```

```
          },
          "required": ["id"]
        }
      }
    ]
  }
}
```

Ciclo de vida de uma conexão

```
Cliente                                   Servidor
   │                                          │
   │──── initialize ─────────────────────────►│
   │◄─── capabilities ────────────────────────│
   │                                          │
   │──── tools/list ─────────────────────────►│
   │◄─── lista de ferramentas ────────────────│
   │                                          │
   │──── tools/call ─────────────────────────►│
   │     (name, arguments)                    │
   │◄─── resultado ───────────────────────────│
   │                                          │
   │ ... (repetir para cada chamada)          │
   │                                          │
   │──── shutdown ───────────────────────────►│
   │◄─── ack ─────────────────────────────────│
   │                                          │
```

1. **Initialize:** Cliente anuncia sua versão e capacidades.
2. **Capabilities:** Servidor responde com o que suporta.
3. **Discovery:** Cliente lista recursos, ferramentas e prompts disponíveis.
4. **Execution:** Cliente chama ferramentas conforme necessário.
5. **Shutdown:** Encerramento gracioso da conexão.

Schema de ferramentas

Cada ferramenta é definida com um **JSON Schema** para seus parâmetros:

```
{
  "name": "analisar_cliente",
  "description": "Análise completa de crédito: verifica fraude, calcula risco,
sugere oferta.",
  "inputSchema": {
    "type": "object",
```

```
      "properties": {
        "renda": {
          "type": "number",
          "description": "Renda mensal em reais"
        },
        "divida": {
          "type": "number",
          "description": "Dívida total em reais"
        },
        "score": {
          "type": "number",
          "description": "Score de crédito (0-1000)"
        }
      },
      "required": ["renda", "divida", "score"]
    }
  }
```

O JSON Schema serve múltiplos propósitos:

1. **Documentação:** O LLM "lê" a descrição para entender quando usar a ferramenta.
2. **Validação:** O servidor pode validar parâmetros antes de executar.
3. **Tipo seguro:** IDEs podem oferecer autocomplete baseado no schema.

Por que escolhemos MCP

Para o nosso projeto de motor de crédito, o MCP oferece vantagens claras:

1. Independência de provedor

O Ollama que usamos hoje pode ser substituído por OpenAI, Claude ou outro modelo amanhã. O servidor MCP permanece inalterado.

2. Separação de responsabilidades

O LLM faz o que faz melhor: interpretar linguagem natural e decidir ações. O servidor PHP faz o que faz melhor: executar lógica de negócios.

```
┌─────────────────────┐     ┌─────────────────────┐
│        LLM          │     │    Servidor MCP     │
│                     │     │                     │
│ • Entender "anali   │     │ • Executar FANN     │
│   se o cliente"     │     │ • Executar Rubix    │
│ • Decidir quais     │◄───►│ • Executar AHPd     │
│   ferramentas       │     │ • Ler CSVs          │
│ • Formular resp     │     │ • Normalizar        │
│   osta natural      │     │   dados             │
└─────────────────────┘     └─────────────────────┘
     (Linguagem)                 (Lógica)
```

3. Auditabilidade

Cada chamada de ferramenta é uma mensagem JSON que pode ser logada, auditada e reproduzida. Se a Lina disser algo errado sobre um cliente, podemos rastrear exatamente quais ferramentas foram chamadas e com quais parâmetros.

4. Testabilidade

O servidor MCP pode ser testado independentemente do LLM:

```
# Testar servidor diretamente
curl http://localhost:8080/tools
curl -X POST http://localhost:8080/execute \
  -d '{"tool": "buscar_cliente", "args": {"id": "1004"}}'
```

5. Evolução incremental

Novas ferramentas podem ser adicionadas ao servidor sem modificar o cliente ou o LLM. Basta registrar a nova ferramenta com sua descrição, e o LLM aprenderá a usá-la.

O Futuro do MCP

O MCP está em evolução ativa. Algumas direções previstas:

1. **Autenticação padronizada:** OAuth2 e API keys como parte do protocolo.
2. **Permissões granulares:** Controle de quais ferramentas cada cliente pode acessar.
3. **Streaming de resultados:** Para ferramentas de longa duração.
4. **Federação de servidores:** Um cliente conectado a múltiplos servidores transparentemente.

A entrada na Linux Foundation garante que essas evoluções serão discutidas publicamente e implementadas de forma compatível com versões anteriores.

Resumo

O MCP resolve o problema de integração entre LLMs e sistemas externos de forma padronizada e aberta. Sua filosofia inspirada no LSP, governança pela Linux Foundation, e adoção crescente fazem dele a escolha mais segura para projetos que precisam de longevidade e interoperabilidade.

Na próxima seção, vamos aplicar esses conceitos criando a **persona** da nossa assistente Lina — definindo seu comportamento através do SOUL.md e configurando o modelo Ollama com um Modelfile personalizado.

Criando a Persona do LLM

Um LLM sem personalidade é como um funcionário genérico: tecnicamente capaz, mas sem identidade. Para a nossa assistente de análise de crédito ser eficaz, ela precisa de uma **persona** — um conjunto de características que definem como ela se comporta, responde e interage.

Nesta seção, vamos criar a **Lina**: uma assistente profissional, empática e especializada em análise de crédito. Faremos isso através de dois arquivos:

1. **SOUL.md:** O "manual de comportamento" que define quem a Lina é.
2. **Modelfile:** A configuração do Ollama que personaliza o modelo base.

O que é um System Prompt?

Antes de criar nossa persona, precisamos entender um conceito fundamental dos LLMs: o **system prompt** (ou mensagem de sistema).

Quando você conversa com um LLM, as mensagens são organizadas em **roles** (papéis):

Role	Descrição	Exemplo
system	Instruções sobre como o modelo deve se comportar	"Você é um assistente de análise de crédito"
user	Mensagens do usuário humano	"Analise o cliente 1004"
assistant	Respostas do modelo	"Analisei o perfil de Ricardo..."
tool	Resultados de chamadas de ferramentas	`{"decisao": "APROVADO", ...}`

O **system prompt** é especial: ele é processado antes de qualquer interação e define o "DNA" do modelo naquela conversa. É aqui que definimos:

- Quem o modelo "é" (nome, função, especialidade).
- Como deve responder (tom, idioma, formato).

- O que pode e não pode fazer (limites, ferramentas disponíveis).

Por que o system prompt é importante?

LLMs são treinados em textos gerais da internet. Sem orientação, eles respondem de forma genérica — às vezes tentando agradar, às vezes inventando informações.

O system prompt **foca** o modelo:

```
Sem system prompt:
Usuário: "Analise o cliente 1004"
Modelo: "Claro! Para analisar um cliente, você precisa considerar
         fatores como renda, histórico de crédito, emprego..."
         (resposta genérica, sem ação)

Com system prompt definindo ferramentas:
Usuário: "Analise o cliente 1004"
Modelo: [chama buscar_cliente(id=1004)]
        [chama analisar_cliente(dados...)]
        "Analisei o perfil de Isabela. Resultado: aprovada para Silver."
        (ação concreta, resposta específica)
```

O Arquivo SOUL.md

O nome "SOUL" (alma, em inglês) é intencional: este arquivo define a essência da nossa assistente.

Estrutura do SOUL.md

Vamos analisar cada seção do nosso SOUL.md:

Linha 1: Título e Função

```
# Lina - Assistente de Analise de Credito
```

O título estabelece imediatamente:

- **Nome:** Lina (curto, memorável, feminino).
- **Função:** Assistente de análise de crédito (não "IA genérica").

Dar um nome ao assistente humaniza a interação. Usuários tendem a ser mais pacientes e cooperativos com entidades nomeadas.

Linha 3: Definição de Identidade

```
Voce e a Lina, assistente especializada em analise de credito.
```

Note o uso da segunda pessoa ("você é"). Isso cria uma **identificação** — o modelo passa a "pensar" como Lina.

Linhas 5-14: Ferramentas Disponíveis

```
## Ferramentas Disponiveis (LISTA COMPLETA)

ATENCAO: Voce so pode usar ESTAS ferramentas. Nao invente outras.

1. listar_clientes - Lista todos os clientes
2. buscar_cliente - Busca cliente por ID
3. analisar_cliente - Analise completa de credito
4. verificar_fraude - Detecta anomalias
5. calcular_risco - Calcula inadimplencia
6. decidir_oferta - Sugere limite de credito
```

Esta seção é **crítica** por vários motivos:

1. Lista explícita: Ao listar as ferramentas disponíveis, reduzimos a chance do modelo inventar ferramentas inexistentes.

2. Descrições curtas: Cada descrição tem uma ou duas palavras-chave que ajudam o modelo a decidir qual ferramenta usar.

3. Caixa alta para ênfase: "ATENCAO" e "ESTAS" sinalizam importância.

Linhas 16-17: O que NÃO existe

```
NAO EXISTE: atualizar_cliente, criar_cliente, deletar_cliente, etc.
Se o usuario pedir algo que nao esta na lista, diga que nao e possivel.
```

Esta é uma técnica de **prompt engineering** chamada "negative prompting". Ao explicitar o que **não** é possível, prevenimos dois problemas:

1. **Alucinação de ferramentas:** O modelo não tentará chamar `atualizar_cliente`.
2. **Promessas falsas:** O modelo não dirá "vou atualizar os dados" sem ter como.

Linhas 19-24: Instruções de Uso

```
## Como Usar

Quando o usuario pedir uma analise:
1. Use buscar_cliente para obter os dados
2. Use analisar_cliente com os dados obtidos
3. Explique o resultado de forma clara
```

Este é um **workflow explícito**. Em vez de deixar o modelo descobrir sozinho como encadear ferramentas, orientamos o fluxo correto.

Isso é especialmente importante porque:

- **Dependência de dados:** `analisar_cliente` precisa dos dados que `buscar_cliente` retorna.
- **Ordem lógica:** Buscar → Analisar → Explicar.
- **Expectativa do usuário:** "Análise" implica esses três passos.

Linhas 26-30: Exemplo Concreto

```
## Exemplo

Usuario: "analise o cliente 1004"
Ferramentas: buscar_cliente(id=1004), analisar_cliente(dados...)
Resposta: "Analisei o perfil de Isabela. Resultado: aprovada para cartao
Silver."
```

Exemplos são a forma mais poderosa de **few-shot learning**. O modelo aprende não só o que fazer, mas o **estilo** de resposta esperado:

- Primeira pessoa ("Analisei").
- Nome do cliente ("Isabela").
- Resultado concreto ("aprovada para Silver").

O SOUL.md Completo

```
# Lina - Assistente de Analise de Credito

Voce e a Lina, assistente especializada em analise de credito.

## Ferramentas Disponiveis (LISTA COMPLETA)

ATENCAO: Voce so pode usar ESTAS ferramentas. Nao invente outras.

1. listar_clientes - Lista todos os clientes
2. buscar_cliente - Busca cliente por ID
3. analisar_cliente - Analise completa de credito
4. verificar_fraude - Detecta anomalias
5. calcular_risco - Calcula inadimplencia
6. decidir_oferta - Sugere limite de credito

NAO EXISTE: atualizar_cliente, criar_cliente, deletar_cliente, etc.
Se o usuario pedir algo que nao esta na lista, diga que nao e possivel.

## Como Usar

Quando o usuario pedir uma analise:
1. Use buscar_cliente para obter os dados
2. Use analisar_cliente com os dados obtidos
3. Explique o resultado de forma clara

## Exemplo

Usuario: "analise o cliente 1004"
Ferramentas: buscar_cliente(id=1004), analisar_cliente(dados...)
Resposta: "Analisei o perfil de Isabela. Resultado: aprovada para cartao
Silver."
```

O Modelfile do Ollama

O Ollama usa um formato chamado **Modelfile** para definir modelos customizados. É análogo a um Dockerfile: uma receita que transforma um modelo base em um modelo personalizado.

Estrutura do Modelfile

Vamos analisar nosso Modelfile seção por seção:

Linha 1: Modelo Base

```
FROM llama3.1
```

O `FROM` define qual modelo base usar. Escolhemos o **Llama 3.1** (8B parâmetros) por várias razões:

Característica	Llama 3.1 8B
Suporte a tools	✓ Nativo
Idioma	Português razoável
VRAM	~6-8 GB
Velocidade	~20-50 tokens/s
Licença	Meta Llama 3.1 Community

> ***Por que não um modelo maior?*** *Modelos de 70B ou 405B parâmetros são mais capazes, mas exigem múltiplas GPUs ou quantização agressiva. Para um assistente de domínio específico, 8B é suficiente.*

Linhas 2-4: Parâmetros de Geração

```
PARAMETER temperature 0.6
PARAMETER top_p 0.9
PARAMETER num_ctx 8192
```

temperature (0.6): Controla a "criatividade" das respostas.

Valor	Comportamento
0.0	Determinístico (sempre a mesma resposta)
0.3-0.5	Conservador (preferível para tarefas técnicas)
0.6-0.8	Balanceado (bom para assistentes)
1.0+	Criativo (pode inventar coisas)

Usamos 0.6 porque queremos respostas variadas mas confiáveis. Para análise de crédito, não queremos criatividade excessiva.

top_p (0.9): Nucleus sampling — considera tokens cuja probabilidade cumulativa seja ≤ 90%.

Isso significa que em cada passo de geração, o modelo escolhe entre os tokens mais prováveis que somam 90% de probabilidade, ignorando os 10% menos prováveis (ruído).

num_ctx (8192): Tamanho da janela de contexto em tokens.

Com 8192 tokens, temos espaço para:

- System prompt (~500 tokens)
- Histórico de conversa (~5000 tokens)
- Resultados de ferramentas (~2000 tokens)
- Resposta (~500 tokens)

Suficiente para uma sessão de análise completa.

Linhas 5-18: System Prompt Embutido

```
SYSTEM """Voce e Lina, assistente de analise de credito de uma Fintech.

PERSONALIDADE:
- Profissional, empatica e objetiva
- Responde em portugues brasileiro
- Explica decisoes de forma clara

REGRA CRITICA SOBRE FERRAMENTAS:
- NUNCA use ferramentas para saudacoes como "bom dia", "ola", "oi"
- NUNCA use ferramentas para perguntas sobre voce mesma
- SOMENTE use ferramentas quando o usuario pedir EXPLICITAMENTE:
  * "analise o cliente X"
  * "verifique fraude"
  * "liste os clientes"
  * "calcule o risco"

Se a mensagem for uma saudacao, responda normalmente sem usar nenhuma
ferramenta.
"""
```

Este system prompt embutido no modelo é diferente do SOUL.md. Ele define **personalidade e regras críticas** que devem estar sempre presentes, independente do cliente MCP conectado.

Por que duplicar o system prompt?

Aspecto	Modelfile SYSTEM	SOUL.md
Quando é usado	Sempre, hardcoded no modelo	Injetado pelo middleware
O que define	Personalidade, regras críticas	Ferramentas, workflows
Quem controla	Administrador do Ollama	Desenvolvedor do MCP
Modificável em runtime	Não	Sim

A regra crítica sobre saudações merece atenção especial. LLMs tendem a ser "ansiosos para ajudar" — quando têm ferramentas disponíveis, às vezes as usam desnecessariamente.

Sem essa regra:

```
Usuário: "Bom dia!"
Modelo: [chama listar_clientes()]
        "Bom dia! Aqui estão os clientes disponíveis..."
        (comportamento inesperado)
```

Com a regra:

```
Usuário: "Bom dia!"
Modelo: "Bom dia! Como posso ajudar você hoje?"
        (comportamento natural)
```

O Script de Customização

O Modelfile é criado dinamicamente pelo script `customizar-ollama.sh`. Vamos analisar as partes relevantes:

Verificação de modelo existente

```
if ollama list | grep -q "lina" && [ $FORCE_RETRAIN -eq 0 ]; then
```

```
    echo "Modelo 'lina' já existe. Pulando criação."
    echo "Para recriar, execute com a flag --retrain"
else
```

O script é **idempotente**: se o modelo "lina" já existe, não recria. Isso economiza tempo em reinicializações do container.

A flag `--retrain` força a recriação, útil quando você modifica o Modelfile.

Criação do Modelfile

```
cat > /root/Modelfile << 'EOF'
FROM llama3.1
PARAMETER temperature 0.6
...
EOF
```

O heredoc (`<< 'EOF'`) permite escrever o Modelfile como texto literal, preservando formatação.

Criação do modelo customizado

```
ollama create lina -f /root/Modelfile
```

O comando `ollama create` lê o Modelfile e cria um novo modelo derivado. O processo:

1. Carrega o modelo base (llama3.1).
2. Aplica os parâmetros customizados.
3. Salva como novo modelo ("lina").

A partir daí, podemos usar `ollama run lina` ou chamar via API.

customizar-ollama.sh Completo

```
#!/bin/bash

# Iniciar o servidor em background
/bin/ollama serve &
pid=$!

echo "Aguardando Ollama iniciar..."
sleep 5
```

```
# Baixar modelo base
echo "Baixando modelo base llama3.1 (isso pode demorar na primeira vez)..."
# O pull é idempotente, mas podemos evitar spam de log se não for necessário
ollama pull llama3.1
echo "Modelo base pronto!"

# Verificar se deve treinar
FORCE_RETRAIN=0
if [[ "$*" == *"--retrain"* ]]; then
    FORCE_RETRAIN=1
fi

if ollama list | grep -q "lina" && [ $FORCE_RETRAIN -eq 0 ]; then
    echo "Modelo 'lina' já existe. Pulando criação."
    echo "Para recriar, execute com a flag --retrain"
else
    if [ $FORCE_RETRAIN -eq 1 ]; then
        echo "Flag --retrain detectada. Recriando modelo..."
    fi

    # Criar Modelfile
    echo "Criando definição do modelo Lina..."
    cat > /root/Modelfile << 'EOF'
FROM llama3.1
PARAMETER temperature 0.6
PARAMETER top_p 0.9
PARAMETER num_ctx 8192
SYSTEM """Voce e Lina, assistente de analise de credito de uma Fintech.

PERSONALIDADE:
- Profissional, empatica e objetiva
- Responde em portugues brasileiro
- Explica decisoes de forma clara

REGRA CRITICA SOBRE FERRAMENTAS:
- NUNCA use ferramentas para saudacoes como "bom dia", "ola", "oi"
- NUNCA use ferramentas para perguntas sobre voce mesma
- SOMENTE use ferramentas quando o usuario pedir EXPLICITAMENTE:
  * "analise o cliente X"
  * "verifique fraude"
  * "liste os clientes"
  * "calcule o risco"

Se a mensagem for uma saudacao, responda normalmente sem usar nenhuma
ferramenta.
"""
EOF

    # Criar modelo personalizado
    echo "Criando modelo personalizado 'lina'..."
    ollama create lina -f /root/Modelfile
    echo "Modelo 'lina' criado com sucesso!"
fi
```

```
# Manter o container rodando
wait $pid
```

Trade-offs de Customização

O dilema dos modelos customizados

Ao customizar um modelo com `ollama create`, há um trade-off importante:

Aspecto	Modelo Base	Modelo Customizado
Size	Original	+overhead do system prompt
Tools	Suportado	Pode perder suporte*
System prompt	Via API	Embutido
Flexibilidade	Alta	Menor

**Alguns modelos perdem a capacidade de usar tools quando muito customizados.*

Nossa solução híbrida

Optamos por uma abordagem híbrida:

1. **Modelfile:** Define apenas personalidade e regras críticas.
2. **SOUL.md:** Define ferramentas e workflows (injetado via middleware).

Assim, o modelo mantém suporte a tools (vem do base llama3.1) enquanto tem personalidade consistente (do Modelfile), e as ferramentas são definidas dinamicamente (do SOUL.md).

```
┌──────────────────────────────────────────────────────────┐
│                       MENSAGENS                          │
├──────────────────────────────────────────────────────────┤
│ [system] Modelfile SYSTEM (personalidade)                │
│ [system] SOUL.md (ferramentas) ◄── Injetado pelo middle  │
│ [user] "Analise o cliente 1004"                          │
│ [assistant] [chama buscar_cliente...]                    │
│ ...                                                      │
└──────────────────────────────────────────────────────────┘
```

Boas Práticas de Prompt Engineering

Ao criar system prompts para assistentes, siga estas diretrizes:

1. Seja específico sobre limitações

Ruim: "Você é um assistente útil."

Bom: "Você é um assistente de análise de crédito. Você NÃO pode modificar dados de clientes, apenas consultar e analisar."

2. Use exemplos concretos

LLMs aprendem melhor por exemplo do que por instrução abstrata. Inclua casos de uso reais no prompt.

3. Defina o que NÃO fazer

O "negative prompting" previne comportamentos indesejados. Liste explicitamente ações proibidas.

4. Mantenha consistência de idioma

Se o assistente deve responder em português, todo o system prompt deve estar em português. Misturar idiomas pode confundir o modelo.

5. Teste iterativamente

System prompts são experimentais. Teste com diversos inputs, observe comportamentos inesperados, e refine.

Resumo

Nesta seção, criamos a identidade da Lina através de dois arquivos complementares:

- **SOUL.md:** Define ferramentas disponíveis, workflows de uso e exemplos concretos. É injetado dinamicamente pelo middleware.
- **Modelfile:** Define personalidade base, parâmetros de geração e regras críticas. É compilado no modelo customizado.

A combinação de prompt estático (Modelfile) e dinâmico (SOUL.md) nos dá controle fino sobre o comportamento do assistente, mantendo flexibilidade para evoluir as ferramentas sem recriar o modelo.

Na próxima seção, vamos implementar o **servidor MCP** em PHP — o componente que expõe nossas ferramentas FANN, RubixML e AHPd para a Lina usar.

Servidor MCP

O servidor MCP é o componente central da nossa arquitetura de integração. Ele funciona como uma **ponte** entre o LLM (que entende linguagem natural) e nossos modelos de machine learning (que entendem vetores numéricos).

Nesta seção, vamos construir o `server.php` — um servidor HTTP em PHP que:

1. **Expõe ferramentas** via endpoint `/tools`.
2. **Executa ferramentas** via endpoint `/execute`.
3. **Integra** FANN, RubixML e AHPd em ferramentas coerentes.

O código será explicado parte por parte, e ao final apresentaremos o arquivo completo.

Arquitetura do Servidor

```
┌─────────────────────────────────────────────────────────────┐
│                         server.php                          │
├─────────────────────────────────────────────────────────────┤
│                                                             │
│  ┌─────────────────┐     ┌────────────────────────────────┐ │
│  │ GET /tools      │────►│ Lista ferramentas disponíveis  │ │
│  └─────────────────┘     └────────────────────────────────┘ │
│                                                             │
│  ┌─────────────────┐     ┌────────────────────────────────┐ │
│  │ POST /execute   │────►│ Executa ferramenta por nome    │ │
│  └─────────────────┘     │                                │ │
│                          │  ┌──────────┬──────────┬──────────┐ │
│                          │  │   FANN   │ RubixML  │   AHPd   │ │
│                          │  └──────────┴──────────┴──────────┘ │
│                          └────────────────────────────────┘ │
│                                                             │
└─────────────────────────────────────────────────────────────┘
```

Parte 1: Configuração Inicial

Declarações e Requires

```
<?php

declare(strict_types=1);

set_time_limit(300);

$ROOT = dirname(__FILE__, 3);

require_once $ROOT . '/src/rubixml/vendor/autoload.php';
require_once $ROOT . '/src/fann/inferir.php';
require_once $ROOT . '/src/rubixml/inferir.php';
require_once $ROOT . '/src/ahpd/decidir.php';

use App\FANN;
use App\Rubix;
use App\AHPd;
```

`declare(strict_types=1)` : Ativa tipagem estrita no PHP. Isso significa que argumentos de função devem ser exatamente do tipo declarado — sem coerção automática.

`set_time_limit(300)` : Define timeout de 5 minutos. Importante porque algumas operações (especialmente carregamento de modelos) podem demorar.

`$ROOT` : Calcula o caminho raiz do projeto. `dirname(__FILE__, 3)` sobe 3 níveis a partir do arquivo atual:

```
/projeto/src/mcp/server.php → /projeto
```

Requires: Carregamos os três módulos de inferência que já desenvolvemos:

- `fann/inferir.php` : Detecção de fraude com rede neural.
- `rubixml/inferir.php` : Classificação de risco com ML.
- `ahpd/decidir.php` : Decisão de oferta com AHPd.

Namespaces: Os módulos usam namespaces (`App\FANN` , `App\Rubix` , `App\AHPd`) para evitar conflitos de nomes.

Parte 2: Carregamento de Modelos

Padrão Singleton para Modelos

```
// Modelos pré-carregados (singleton)
$MODELOS = null;

function carregarModelos(): array
{
    global $MODELOS, $ROOT;

    if ($MODELOS !== null) {
        return $MODELOS;
    }

    $MODELOS = [
        'fann' => FANN\carregar_modelo($ROOT .
'/models/fann/credit_fraud.net'),
        'rubix' => Rubix\carregar_modelo($ROOT .
'/models/rubixml/credit_risk.rbx'),
    ];

    return $MODELOS;
}
```

Por que singleton?

Carregar modelos de ML do disco é **caro** — envolve leitura de arquivos, deserialização e alocação de memória. Se carregássemos os modelos a cada requisição, o servidor seria lento e desperdiçaria recursos.

O padrão singleton garante que:

1. **Primeira chamada:** Carrega os modelos do disco.
2. **Chamadas subsequentes:** Retorna os modelos já carregados.

Na prática, os modelos ficam em memória enquanto o servidor PHP estiver rodando.

Por que não carregar o AHPd?

O AHPd não é um modelo serializado — é uma extensão PHP compilada. Não há arquivo para carregar; a função `AHPd\decidir_limite` está sempre disponível após o `require`.

Parte 3: Normalização de Dados

```
function normalizar(float $renda, float $divida, float $score, float $emprego,
float $idade): array
{
    return [
        min($renda / 50000, 1.0),
        min($divida / 200000, 1.0),
        $score / 1000,
        min($emprego / 480, 1.0),
        min($idade / 100, 1.0),
    ];
}
```

Esta função transforma dados brutos em valores normalizados entre 0 e 1. A normalização é **idêntica** à usada durante o treinamento dos modelos.

Campo	Divisor	Lógica
`renda`	50.000	R$ 50k é considerado o "máximo" típico
`divida`	200.000	R$ 200k é o teto de dívida
`score`	1.000	Score máximo possível
`emprego`	480	40 anos de emprego (480 meses)
`idade`	100	100 anos como máximo

O `min(..., 1.0)` garante que valores acima do máximo não excedam 1.0. Um cliente com renda de R$ 100.000 terá valor normalizado 1.0, não 2.0.

> ***IMPORTANTE:*** *A normalização no servidor MCP deve ser* ***exatamente igual*** *à normalização usada no treinamento. Qualquer diferença compromete as predições.*

Parte 4: Definição das Ferramentas MCP

Esta é a parte mais extensa do servidor: a definição das ferramentas que o LLM poderá usar.

Estrutura de uma Ferramenta

Cada ferramenta segue o formato JSON Schema:

```
'nome_ferramenta' => [
    'description' => 'Descrição legível...',
    'parameters' => [
        'type' => 'object',
        'properties' => [
            'param1' => ['type' => 'number', 'description' => '...'],
            'param2' => ['type' => 'string', 'description' => '...'],
        ],
        'required' => ['param1', 'param2'],
    ],
],
```

Ferramenta: analisar_cliente

```
$tools = [
    'analisar_cliente' => [
        'description' => 'Análise completa de crédito: verifica fraude (FANN),
calcula risco (RubixML) e sugere oferta (AHPd).',
        'parameters' => [
            'type' => 'object',
            'properties' => [
                'renda'   => ['type' => 'number', 'description' => 'Renda mensal
em reais'],
                'divida'  => ['type' => 'number', 'description' => 'Dívida total
em reais'],
                'score'   => ['type' => 'number', 'description' => 'Score de
crédito (0-1000)'],
                'emprego' => ['type' => 'number', 'description' => 'Tempo de
emprego em meses'],
                'idade'   => ['type' => 'number', 'description' => 'Idade em
anos'],
            ],
            'required' => ['renda', 'divida', 'score', 'emprego', 'idade'],
        ],
    ],
```

Esta é a ferramenta principal — executa todo o pipeline de análise:

1. **Verifica fraude** com FANN.
2. **Calcula risco** com RubixML.
3. **Decide oferta** com AHPd.

A descrição é **crucial** para o LLM. Ela informa quando usar a ferramenta. O texto "verifica fraude, calcula risco, sugere oferta" ajuda o modelo a entender que esta é a ferramenta "completa".

Ferramenta: verificar_fraude

```
'verificar_fraude' => [
    'description' => 'Detecta anomalias/fraudes usando rede neural FANN.',
    'parameters' => [
        'type' => 'object',
        'properties' => [
            'renda'   => ['type' => 'number', 'description' => 'Renda mensal
em reais'],
            'divida'  => ['type' => 'number', 'description' => 'Dívida total
em reais'],
            'score'   => ['type' => 'number', 'description' => 'Score de
crédito (0-1000)'],
            'emprego' => ['type' => 'number', 'description' => 'Tempo de
emprego em meses'],
            'idade'   => ['type' => 'number', 'description' => 'Idade em
anos'],
        ],
        'required' => ['renda', 'divida', 'score', 'emprego', 'idade'],
    ],
],
```

Ferramenta isolada para detecção de fraude. Útil quando o usuário pede especificamente verificação de fraude, sem análise completa.

Ferramenta: calcular_risco

```
'calcular_risco' => [
    'description' => 'Calcula probabilidade de inadimplência usando
RubixML.',
    'parameters' => [
        'type' => 'object',
        'properties' => [
            'renda'   => ['type' => 'number', 'description' => 'Renda mensal
em reais'],
```

```
                'divida'   => ['type' => 'number', 'description' => 'Dívida total
em reais'],
                'score'    => ['type' => 'number', 'description' => 'Score de
crédito (0-1000)'],
                'emprego' => ['type' => 'number', 'description' => 'Tempo de
emprego em meses'],
                'idade'    => ['type' => 'number', 'description' => 'Idade em
anos'],
            ],
            'required' => ['renda', 'divida', 'score', 'emprego', 'idade'],
        ],
    ],
```

Ferramenta isolada para cálculo de risco. Retorna probabilidades de cada classe (bom/ruim).

Ferramenta: decidir_oferta

```
    'decidir_oferta' => [
        'description' => 'Sugere limite de crédito (Gold/Silver/Bronze) usando
AHPd.',
        'parameters' => [
            'type' => 'object',
            'properties' => [
                'renda'    => ['type' => 'number', 'description' => 'Renda
mensal em reais'],
                'divida'   => ['type' => 'number', 'description' => 'Dívida
total em reais'],
                'score'    => ['type' => 'number', 'description' => 'Score de
crédito (0-1000)'],
                'emprego'  => ['type' => 'number', 'description' => 'Tempo de
emprego em meses'],
                'idade'    => ['type' => 'number', 'description' => 'Idade em
anos'],
                'prob_bom' => ['type' => 'number', 'description' =>
'Probabilidade de bom pagador (0-1)'],
            ],
            'required' => ['renda', 'divida', 'score', 'emprego', 'idade',
'prob_bom'],
        ],
    ],
```

Note o parâmetro adicional `prob_bom` — a probabilidade de ser bom pagador, que vem do RubixML. Isso demonstra como as ferramentas podem depender umas das outras.

Ferramenta: buscar_cliente

```
    'buscar_cliente' => [
        'description' => 'Busca dados pessoais e financeiros de um cliente pelo
ID.',
        'parameters' => [
            'type' => 'object',
            'properties' => [
                'id' => ['type' => 'string', 'description' => 'ID do cliente
(ex: 1004)'],
            ],
            'required' => ['id'],
        ],
    ],
```

Ferramenta de consulta simples. Busca um cliente pelo ID nos arquivos CSV.

Ferramenta: listar_clientes

```
    'listar_clientes' => [
        'description' => 'Lista todos os clientes cadastrados com nome e ID.',
        'parameters' => [
            'type' => 'object',
            'properties' => (object)[],
        ],
    ],
];
```

Ferramenta sem parâmetros — lista todos os clientes disponíveis.

Note o `(object)[]` — isso força o PHP a serializar como objeto JSON vazio `{}` em vez de array vazio `[]`.

Parte 5: Executores das Ferramentas

Cada ferramenta precisa de uma função que a execute. Vamos analisar cada executor:

Executor: analisar_cliente

```
function executar_analisar_cliente(array $args): array
{
    $modelos = carregarModelos();
    $norm = normalizar($args['renda'], $args['divida'], $args['score'],
$args['emprego'], $args['idade']);

    // 1. FANN
    $score_fann = FANN\inferir($modelos['fann'], $norm);
    $classe_fann = FANN\classificar($score_fann);

    // 2. RubixML
    [$classe_rubix, $probs] = Rubix\inferir($modelos['rubix'], $norm);
    $prob_bom = $probs['bom'] ?? 0.0;

    // 3. Decisão
    $decisao = 'BLOQUEADO';
    $oferta = null;

    if ($classe_fann === 'NORMAL' && $classe_rubix === 'bom') {
        $rank = AHPd\decidir_limite([
            'renda'    => $args['renda'],
            'divida'   => $args['divida'],
            'score'    => $args['score'],
            'emprego'  => $args['emprego'],
            'idade'    => $args['idade'],
            'prob_bom' => $prob_bom,
        ]);

        $score_cli = $rank['Cliente Atual'] ?? 0;
        $score_gold = $rank['Benchmark Gold'] ?? 0;
        $score_silver = $rank['Benchmark Silver'] ?? 0;

        if ($score_cli >= $score_gold * 0.9) {
            $oferta = 'GOLD';
        } elseif ($score_cli >= $score_silver * 0.9) {
            $oferta = 'SILVER';
        } else {
            $oferta = 'BRONZE';
        }
        $decisao = 'APROVADO';
    } elseif ($classe_fann !== 'NORMAL') {
        $decisao = 'FRAUDE_DETECTADA';
    } else {
        $decisao = 'RISCO_ALTO';
```

```
    }

    return [
        'decisao' => $decisao,
        'oferta'  => $oferta,
        'fann'    => ['score' => $score_fann, 'classe' => $classe_fann],
        'rubix'   => ['classe' => $classe_rubix, 'prob_bom' => round($prob_bom,
4)],
    ];
}
```

Este é o executor mais complexo. O fluxo:

1. **Carrega modelos** (singleton).
2. **Normaliza** os dados de entrada.
3. **Executa FANN** para detectar fraude.
4. **Executa RubixML** para calcular risco.
5. **Avalia condições:**
   - Se FANN detectou anomalia → `FRAUDE_DETECTADA`.
   - Se RubixML classificou como ruim → `RISCO_ALTO`.
   - Se ambos são positivos → Executa AHPd para decidir oferta.
6. **Retorna** resultado estruturado.

A lógica de decisão de oferta (Gold/Silver/Bronze) compara o score do cliente com os benchmarks. Usamos 90% como margem de tolerância.

Executor: verificar_fraude

```
function executar_verificar_fraude(array $args): array
{
    $modelos = carregarModelos();
    $norm = normalizar($args['renda'], $args['divida'], $args['score'],
$args['emprego'], $args['idade']);

    $score = FANN\inferir($modelos['fann'], $norm);
    $classe = FANN\classificar($score);

    return ['score' => $score, 'classe' => $classe];
}
```

Executor simples: normaliza, executa FANN, retorna resultado.

Executor: calcular_risco

```
function executar_calcular_risco(array $args): array
{
    $modelos = carregarModelos();
    $norm = normalizar($args['renda'], $args['divida'], $args['score'],
$args['emprego'], $args['idade']);

    [$classe, $probs] = Rubix\inferir($modelos['rubix'], $norm);

    return ['classe' => $classe, 'probabilidades' => $probs];
}
```

Executor simples: normaliza, executa RubixML, retorna classe e probabilidades.

Executor: decidir_oferta

```
function executar_decidir_oferta(array $args): array
{
    $rank = AHPd\decidir_limite([
        'renda'    => $args['renda'],
        'divida'   => $args['divida'],
        'score'    => $args['score'],
        'emprego'  => $args['emprego'],
        'idade'    => $args['idade'],
        'prob_bom' => $args['prob_bom'],
    ]);

    $score_cli = $rank['Cliente Atual'] ?? 0;
    $score_gold = $rank['Benchmark Gold'] ?? 0;
    $score_silver = $rank['Benchmark Silver'] ?? 0;

    if ($score_cli >= $score_gold * 0.9) {
        $sugestao = 'GOLD';
    } elseif ($score_cli >= $score_silver * 0.9) {
        $sugestao = 'SILVER';
    } else {
        $sugestao = 'BRONZE';
    }

    return ['sugestao' => $sugestao, 'ranking' => $rank];
}
```

Executor que usa AHPd diretamente com `prob_bom` fornecido (presumivelmente de uma chamada anterior a `calcular_risco`).

Executor: buscar_cliente e listar_clientes

```
function carregarCsvClientes(): array
{
    global $ROOT;
    $clientes = [];

    $csvFinanceiro = $ROOT . '/app/clientes.csv';
    $csvDados = $ROOT . '/app/clientes_dados.csv';

    // Carregar dados financeiros
    if (file_exists($csvFinanceiro)) {
        $linhas = file($csvFinanceiro, FILE_IGNORE_NEW_LINES |
FILE_SKIP_EMPTY_LINES);
        array_shift($linhas);
        foreach ($linhas as $linha) {
            $cols = explode(';', $linha);
            if (count($cols) >= 6) {
                $clientes[$cols[0]] = [
                    'id' => $cols[0],
                    'renda' => (float)$cols[1],
                    'divida' => (float)$cols[2],
                    'score' => (float)$cols[3],
                    'tempo_emprego' => (int)$cols[4],
                    'idade' => (int)$cols[5],
                ];
            }
        }
    }

    // Carregar dados pessoais
    if (file_exists($csvDados)) {
        $linhas = file($csvDados, FILE_IGNORE_NEW_LINES |
FILE_SKIP_EMPTY_LINES);
        array_shift($linhas);
        foreach ($linhas as $linha) {
            $cols = explode(';', $linha);
            if (count($cols) >= 5 && isset($clientes[$cols[0]])) {
                $clientes[$cols[0]]['nome'] = $cols[1];
                $clientes[$cols[0]]['profissao'] = $cols[2];
                $clientes[$cols[0]]['genero'] = $cols[3];
                $clientes[$cols[0]]['data_nascimento'] = $cols[4];
            }
        }
    }

    return $clientes;
}

function executar_buscar_cliente(array $args): array
{
    $clientes = carregarCsvClientes();
```

```
    $id = (string)$args['id'];

    if (!isset($clientes[$id])) {
        return ['erro' => 'Cliente não encontrado'];
    }

    return $clientes[$id];
}

function executar_listar_clientes(array $args): array
{
    $clientes = carregarCsvClientes();
    $lista = [];

    foreach ($clientes as $c) {
        $lista[] = [
            'id' => $c['id'],
            'nome' => $c['nome'] ?? 'Sem nome',
        ];
    }

    return $lista;
}
```

Essas funções lidam com dados de clientes armazenados em CSVs:

- **clientes.csv:** Dados financeiros (renda, dívida, score, etc.).
- **clientes_dados.csv:** Dados pessoais (nome, profissão, etc.).

A função `carregarCsvClientes()` mescla os dois arquivos pelo ID do cliente.

Parte 6: Servidor HTTP

O PHP tem um servidor HTTP embutido que podemos usar para desenvolvimento:

```
// Servidor HTTP
if (php_sapi_name() === 'cli-server') {
    header('Content-Type: application/json');

    $uri = $_SERVER['REQUEST_URI'];
    $method = $_SERVER['REQUEST_METHOD'];

    // GET /tools - Lista ferramentas
    if ($method === 'GET' && $uri === '/tools') {
        $lista = [];
        foreach ($tools as $nome => $def) {
            $lista[] = array_merge(['name' => $nome], $def);
        }
```

```
        echo json_encode($lista);
        exit;
    }

    // POST /execute - Executa ferramenta
    if ($method === 'POST' && $uri === '/execute') {
        $input = json_decode(file_get_contents('php://input'), true);
        $nome = $input['tool'] ?? '';
        $args = $input['args'] ?? [];

        if (!isset($tools[$nome])) {
            http_response_code(400);
            echo json_encode(['error' => 'Ferramenta não encontrada']);
            exit;
        }

        try {
            $resultado = match ($nome) {
                'analisar_cliente' => executar_analisar_cliente($args),
                'verificar_fraude' => executar_verificar_fraude($args),
                'calcular_risco'   => executar_calcular_risco($args),
                'decidir_oferta'   => executar_decidir_oferta($args),
                'buscar_cliente'   => executar_buscar_cliente($args),
                'listar_clientes'  => executar_listar_clientes($args),
            };

            echo json_encode(['success' => true, 'output' => $resultado]);
        } catch (Throwable $e) {
            http_response_code(500);
            echo json_encode(['success' => false, 'error' => $e->getMessage()]);
        }
        exit;
    }

    http_response_code(404);
    echo json_encode(['error' => 'Rota não encontrada']);
    exit;
}

echo "Uso: php -S localhost:8080 server.php\n";
```

Rota GET /tools

Retorna a lista de ferramentas disponíveis:

```
[
  {
    "name": "analisar_cliente",
    "description": "Análise completa de crédito...",
    "parameters": {...}
```

```
  },
  ...
]
```

Rota POST /execute

Executa uma ferramenta específica:

Requisição:

```
{
  "tool": "buscar_cliente",
  "args": {"id": "1004"}
}
```

Resposta:

```
{
  "success": true,
  "output": {
    "id": "1004",
    "nome": "Ricardo Oliveira",
    "renda": 8500,
    "divida": 15000,
    ...
  }
}
```

Match Expression

O PHP 8 introduziu `match`, que é mais seguro que `switch`:

```
$resultado = match ($nome) {
    'analisar_cliente' => executar_analisar_cliente($args),
    'verificar_fraude' => executar_verificar_fraude($args),
    ...
};
```

O `match` é exaustivo — se `$nome` não corresponder a nenhum caso, gera erro. Isso previne bugs silenciosos.

Tratamento de Erros

O bloco `try/catch` captura exceções durante a execução:

```
try {
    $resultado = match ($nome) { ... };
    echo json_encode(['success' => true, 'output' => $resultado]);
} catch (Throwable $e) {
    http_response_code(500);
    echo json_encode(['success' => false, 'error' => $e->getMessage()]);
}
```

Usamos `Throwable` (não apenas `Exception`) para capturar também `Error` s — problemas como chamadas a funções inexistentes.

Código Completo: server.php

```
<?php

declare(strict_types=1);

set_time_limit(300);

$ROOT = dirname(__FILE__, 3);

require_once $ROOT . '/src/rubixml/vendor/autoload.php';
require_once $ROOT . '/src/fann/inferir.php';
require_once $ROOT . '/src/rubixml/inferir.php';
require_once $ROOT . '/src/ahpd/decidir.php';

use App\FANN;
use App\Rubix;
use App\AHPd;

// Modelos pré-carregados (singleton)
$MODELOS = null;

function carregarModelos(): array
{
    global $MODELOS, $ROOT;

    if ($MODELOS !== null) {
        return $MODELOS;
    }

    $MODELOS = [
```

```
        'fann'  => FANN\carregar_modelo($ROOT .
'/models/fann/credit_fraud.net'),
        'rubix' => Rubix\carregar_modelo($ROOT .
'/models/rubixml/credit_risk.rbx'),
    ];

    return $MODELOS;
}

function normalizar(float $renda, float $divida, float $score, float $emprego,
float $idade): array
{
    return [
        min($renda / 50000, 1.0),
        min($divida / 200000, 1.0),
        $score / 1000,
        min($emprego / 480, 1.0),
        min($idade / 100, 1.0),
    ];
}

// Definição das ferramentas MCP
$tools = [
    'analisar_cliente' => [
        'description' => 'Análise completa de crédito: verifica fraude (FANN),
calcula risco (RubixML) e sugere oferta (AHPd).',
        'parameters' => [
            'type' => 'object',
            'properties' => [
                'renda'   => ['type' => 'number', 'description' => 'Renda mensal
em reais'],
                'divida'  => ['type' => 'number', 'description' => 'Dívida total
em reais'],
                'score'   => ['type' => 'number', 'description' => 'Score de
crédito (0-1000)'],
                'emprego' => ['type' => 'number', 'description' => 'Tempo de
emprego em meses'],
                'idade'   => ['type' => 'number', 'description' => 'Idade em
anos'],
            ],
            'required' => ['renda', 'divida', 'score', 'emprego', 'idade'],
        ],
    ],

    'verificar_fraude' => [
        'description' => 'Detecta anomalias/fraudes usando rede neural FANN.',
        'parameters' => [
            'type' => 'object',
            'properties' => [
                'renda'   => ['type' => 'number', 'description' => 'Renda mensal
em reais'],
                'divida'  => ['type' => 'number', 'description' => 'Dívida total
em reais'],
```

```
                'score'   => ['type' => 'number', 'description' => 'Score de
crédito (0-1000)'],
                'emprego' => ['type' => 'number', 'description' => 'Tempo de
emprego em meses'],
                'idade'   => ['type' => 'number', 'description' => 'Idade em
anos'],
            ],
            'required' => ['renda', 'divida', 'score', 'emprego', 'idade'],
        ],
    ],

    'calcular_risco' => [
        'description' => 'Calcula probabilidade de inadimplência usando
RubixML.',
        'parameters' => [
            'type' => 'object',
            'properties' => [
                'renda'   => ['type' => 'number', 'description' => 'Renda mensal
em reais'],
                'divida'  => ['type' => 'number', 'description' => 'Dívida total
em reais'],
                'score'   => ['type' => 'number', 'description' => 'Score de
crédito (0-1000)'],
                'emprego' => ['type' => 'number', 'description' => 'Tempo de
emprego em meses'],
                'idade'   => ['type' => 'number', 'description' => 'Idade em
anos'],
            ],
            'required' => ['renda', 'divida', 'score', 'emprego', 'idade'],
        ],
    ],

    'decidir_oferta' => [
        'description' => 'Sugere limite de crédito (Gold/Silver/Bronze) usando
AHPd.',
        'parameters' => [
            'type' => 'object',
            'properties' => [
                'renda'    => ['type' => 'number', 'description' => 'Renda
mensal em reais'],
                'divida'   => ['type' => 'number', 'description' => 'Dívida
total em reais'],
                'score'    => ['type' => 'number', 'description' => 'Score de
crédito (0-1000)'],
                'emprego'  => ['type' => 'number', 'description' => 'Tempo de
emprego em meses'],
                'idade'    => ['type' => 'number', 'description' => 'Idade em
anos'],
                'prob_bom' => ['type' => 'number', 'description' =>
'Probabilidade de bom pagador (0-1)'],
            ],
            'required' => ['renda', 'divida', 'score', 'emprego', 'idade',
'prob_bom'],
        ],
```

```
    ],

    'buscar_cliente' => [
        'description' => 'Busca dados pessoais e financeiros de um cliente pelo
ID.',
        'parameters' => [
            'type' => 'object',
            'properties' => [
                'id' => ['type' => 'string', 'description' => 'ID do cliente
(ex: 1004)'],
            ],
            'required' => ['id'],
        ],
    ],

    'listar_clientes' => [
        'description' => 'Lista todos os clientes cadastrados com nome e ID.',
        'parameters' => [
            'type' => 'object',
            'properties' => (object)[],
        ],
    ],
];

// Executores das ferramentas
function executar_analisar_cliente(array $args): array
{
    $modelos = carregarModelos();
    $norm = normalizar($args['renda'], $args['divida'], $args['score'],
$args['emprego'], $args['idade']);

    // 1. FANN
    $score_fann = FANN\inferir($modelos['fann'], $norm);
    $classe_fann = FANN\classificar($score_fann);

    // 2. RubixML
    [$classe_rubix, $probs] = Rubix\inferir($modelos['rubix'], $norm);
    $prob_bom = $probs['bom'] ?? 0.0;

    // 3. Decisão
    $decisao = 'BLOQUEADO';
    $oferta = null;

    if ($classe_fann === 'NORMAL' && $classe_rubix === 'bom') {
        $rank = AHPd\decidir_limite([
            'renda'    => $args['renda'],
            'divida'   => $args['divida'],
            'score'    => $args['score'],
            'emprego'  => $args['emprego'],
            'idade'    => $args['idade'],
            'prob_bom' => $prob_bom,
        ]);

        $score_cli = $rank['Cliente Atual'] ?? 0;
```

```
        $score_gold = $rank['Benchmark Gold'] ?? 0;
        $score_silver = $rank['Benchmark Silver'] ?? 0;

        if ($score_cli >= $score_gold * 0.9) {
            $oferta = 'GOLD';
        } elseif ($score_cli >= $score_silver * 0.9) {
            $oferta = 'SILVER';
        } else {
            $oferta = 'BRONZE';
        }
        $decisao = 'APROVADO';
    } elseif ($classe_fann !== 'NORMAL') {
        $decisao = 'FRAUDE_DETECTADA';
    } else {
        $decisao = 'RISCO_ALTO';
    }

    return [
        'decisao' => $decisao,
        'oferta'  => $oferta,
        'fann'    => ['score' => $score_fann, 'classe' => $classe_fann],
        'rubix'   => ['classe' => $classe_rubix, 'prob_bom' => round($prob_bom,
4)],
    ];
}

function executar_verificar_fraude(array $args): array
{
    $modelos = carregarModelos();
    $norm = normalizar($args['renda'], $args['divida'], $args['score'],
$args['emprego'], $args['idade']);

    $score = FANN\inferir($modelos['fann'], $norm);
    $classe = FANN\classificar($score);

    return ['score' => $score, 'classe' => $classe];
}

function executar_calcular_risco(array $args): array
{
    $modelos = carregarModelos();
    $norm = normalizar($args['renda'], $args['divida'], $args['score'],
$args['emprego'], $args['idade']);

    [$classe, $probs] = Rubix\inferir($modelos['rubix'], $norm);

    return ['classe' => $classe, 'probabilidades' => $probs];
}

function executar_decidir_oferta(array $args): array
{
    $rank = AHPd\decidir_limite([
        'renda'    => $args['renda'],
        'divida'   => $args['divida'],
```

```
        'score'    => $args['score'],
        'emprego'  => $args['emprego'],
        'idade'    => $args['idade'],
        'prob_bom' => $args['prob_bom'],
    ]);

    $score_cli = $rank['Cliente Atual'] ?? 0;
    $score_gold = $rank['Benchmark Gold'] ?? 0;
    $score_silver = $rank['Benchmark Silver'] ?? 0;

    if ($score_cli >= $score_gold * 0.9) {
        $sugestao = 'GOLD';
    } elseif ($score_cli >= $score_silver * 0.9) {
        $sugestao = 'SILVER';
    } else {
        $sugestao = 'BRONZE';
    }

    return ['sugestao' => $sugestao, 'ranking' => $rank];
}

function carregarCsvClientes(): array
{
    global $ROOT;
    $clientes = [];

    $csvFinanceiro = $ROOT . '/app/clientes.csv';
    $csvDados = $ROOT . '/app/clientes_dados.csv';

    // Carregar dados financeiros
    if (file_exists($csvFinanceiro)) {
        $linhas = file($csvFinanceiro, FILE_IGNORE_NEW_LINES |
FILE_SKIP_EMPTY_LINES);
        array_shift($linhas);
        foreach ($linhas as $linha) {
            $cols = explode(';', $linha);
            if (count($cols) >= 6) {
                $clientes[$cols[0]] = [
                    'id' => $cols[0],
                    'renda' => (float)$cols[1],
                    'divida' => (float)$cols[2],
                    'score' => (float)$cols[3],
                    'tempo_emprego' => (int)$cols[4],
                    'idade' => (int)$cols[5],
                ];
            }
        }
    }

    // Carregar dados pessoais
    if (file_exists($csvDados)) {
        $linhas = file($csvDados, FILE_IGNORE_NEW_LINES |
FILE_SKIP_EMPTY_LINES);
        array_shift($linhas);
```

```
        foreach ($linhas as $linha) {
            $cols = explode(';', $linha);
            if (count($cols) >= 5 && isset($clientes[$cols[0]])) {
                $clientes[$cols[0]]['nome'] = $cols[1];
                $clientes[$cols[0]]['profissao'] = $cols[2];
                $clientes[$cols[0]]['genero'] = $cols[3];
                $clientes[$cols[0]]['data_nascimento'] = $cols[4];
            }
        }
    }

    return $clientes;
}

function executar_buscar_cliente(array $args): array
{
    $clientes = carregarCsvClientes();
    $id = (string)$args['id'];

    if (!isset($clientes[$id])) {
        return ['erro' => 'Cliente não encontrado'];
    }

    return $clientes[$id];
}

function executar_listar_clientes(array $args): array
{
    $clientes = carregarCsvClientes();
    $lista = [];

    foreach ($clientes as $c) {
        $lista[] = [
            'id' => $c['id'],
            'nome' => $c['nome'] ?? 'Sem nome',
        ];
    }

    return $lista;
}

// Servidor HTTP
if (php_sapi_name() === 'cli-server') {
    header('Content-Type: application/json');

    $uri = $_SERVER['REQUEST_URI'];
    $method = $_SERVER['REQUEST_METHOD'];

    // GET /tools - Lista ferramentas
    if ($method === 'GET' && $uri === '/tools') {
        $lista = [];
        foreach ($tools as $nome => $def) {
            $lista[] = array_merge(['name' => $nome], $def);
        }
```

```php
        echo json_encode($lista);
        exit;
    }

    // POST /execute - Executa ferramenta
    if ($method === 'POST' && $uri === '/execute') {
        $input = json_decode(file_get_contents('php://input'), true);
        $nome = $input['tool'] ?? '';
        $args = $input['args'] ?? [];

        if (!isset($tools[$nome])) {
            http_response_code(400);
            echo json_encode(['error' => 'Ferramenta não encontrada']);
            exit;
        }

        try {
            $resultado = match ($nome) {
                'analisar_cliente' => executar_analisar_cliente($args),
                'verificar_fraude' => executar_verificar_fraude($args),
                'calcular_risco'   => executar_calcular_risco($args),
                'decidir_oferta'   => executar_decidir_oferta($args),
                'buscar_cliente'   => executar_buscar_cliente($args),
                'listar_clientes'  => executar_listar_clientes($args),
            };

            echo json_encode(['success' => true, 'output' => $resultado]);
        } catch (Throwable $e) {
            http_response_code(500);
            echo json_encode(['success' => false, 'error' => $e->getMessage()]);
        }
        exit;
    }

    http_response_code(404);
    echo json_encode(['error' => 'Rota não encontrada']);
    exit;
}

echo "Uso: php -S localhost:8080 server.php\n";
```

Testando o Servidor

Para testar o servidor isoladamente:

```
# Iniciar o servidor
php -S localhost:8080 src/mcp/server.php

# Em outro terminal:

# Listar ferramentas
curl http://localhost:8080/tools | jq

# Buscar cliente
curl -X POST http://localhost:8080/execute \
  -H "Content-Type: application/json" \
  -d '{"tool": "buscar_cliente", "args": {"id": "1004"}}' | jq

# Analisar cliente
curl -X POST http://localhost:8080/execute \
  -H "Content-Type: application/json" \
  -d '{"tool": "analisar_cliente", "args": {"renda": 8500, "divida": 15000,
"score": 720, "emprego": 36, "idade": 35}}' | jq
```

Resumo

O servidor MCP que construímos:

1. **Expõe 6 ferramentas** para análise de crédito.
2. **Integra 3 modelos de ML** (FANN, RubixML, AHPd).
3. **Segue o formato MCP** com JSON Schema para parâmetros.
4. **Usa HTTP simples** com duas rotas (`/tools` e `/execute`).

Na próxima seção, vamos construir o **middleware** — o componente que conecta este servidor ao Ollama, gerenciando o loop de tool-calling.

O Middleware PHP

O middleware é o **cérebro** da integração entre o LLM e o servidor MCP. Ele coordena a comunicação entre dois mundos:

1. **Ollama:** Entende linguagem natural, decide quando usar ferramentas.
2. **Servidor MCP:** Entende JSON, executa ferramentas, retorna resultados.

O middleware traduz entre esses dois mundos, gerencia o fluxo de conversação e implementa o **loop de tool-calling** — o padrão onde o LLM pode chamar múltiplas ferramentas em sequência para completar uma tarefa.

Por que um Middleware?

Não podemos conectar diretamente?

Teoricamente, o cliente de chat poderia se comunicar diretamente com o Ollama e com o servidor MCP. Mas isso criaria vários problemas:

Sem Middleware	Com Middleware
Cliente precisa conhecer formato Ollama	Cliente usa API simples
Cliente gerencia loop de tools	Middleware gerencia automaticamente
System prompt duplicado em cada cliente	System prompt centralizado
Lógica de retry espalhada	Lógica centralizada

O middleware é uma **camada de abstração** que simplifica o cliente e centraliza a lógica complexa.

Responsabilidades do Middleware

```
┌─────────────────────────────────────────────────────┐
│                    middle.php                       │
├─────────────────────────────────────────────────────┤
│ 1. Injetar system prompt (SOUL.md)                  │
│ 2. Converter ferramentas MCP para formato Ollama    │
│ 3. Gerenciar loop de tool-calling                   │
│ 4. Enviar eventos de progresso (streaming)          │
│ 5. Tratar erros e timeouts                          │
└─────────────────────────────────────────────────────┘
```

Arquitetura do Fluxo

```
┌─────────┐    ┌────────────┐    ┌──────────┐    ┌────────────┐
│ Cliente │───►│ Middleware │───►│  Ollama  │    │ MCP Server │
└─────────┘    └────────────┘    └──────────┘    └────────────┘
                     │                 │                │
                     │  1. chamar LLM  │                │
                     │────────────────►│                │
                     │                 │                │
                     │  2. tool_call   │                │
                     │◄────────────────│                │
                     │                                  │
                     │  3. executar ferramenta          │
                     │─────────────────────────────────►│
                     │                                  │
                     │  4. resultado                    │
                     │◄─────────────────────────────────│
                     │                 │                │
                     │  5. enviar resultado ao LLM      │
                     │────────────────►│                │
                     │                 │                │
                     │  6. resposta final               │
                     │◄────────────────│                │
                     │                                  │
```

Este fluxo pode repetir múltiplas vezes (passos 2-5) se o LLM decidir chamar várias ferramentas em sequência.

Parte 1: Configuração

```
<?php

declare(strict_types=1);

set_time_limit(300);

$MCP_URL = 'http://localhost:8080';
$OLLAMA_URL = 'http://ollama:11434/api/chat';
$SOUL_FILE = __DIR__ . '/SOUL.md';
```

`$MCP_URL` : Endereço do servidor MCP. Como middleware e servidor rodam no mesmo container, usamos `localhost` .

`$OLLAMA_URL` : Endereço do Ollama. Usamos `ollama` porque é o nome do serviço no Docker Compose — o Docker resolve para o IP interno do container.

`$SOUL_FILE` : Caminho para o arquivo SOUL.md que contém o system prompt.

Headers CORS

```
header("Access-Control-Allow-Origin: *");
header("Access-Control-Allow-Headers: Content-Type");
header("Access-Control-Allow-Methods: POST, GET, OPTIONS");

if ($_SERVER['REQUEST_METHOD'] === 'OPTIONS') {
    exit(0);
}
```

Esses headers permitem que o middleware seja chamado por frontends web (se você quiser criar uma interface gráfica depois).

O tratamento especial para `OPTIONS` é necessário para **preflight requests** — requisições que o navegador faz automaticamente antes de chamadas cross-origin.

Parte 2: Função de Streaming

```
function enviarEvento(string $tipo, mixed $dados): void
{
    echo json_encode(['type' => $tipo, 'data' => $dados]) . "\n";
    flush();
}
```

Esta função implementa **NDJSON** (Newline Delimited JSON) — cada linha é um objeto JSON independente:

```
{"type":"status","data":"Carregando ferramentas..."}
{"type":"tool_use","data":{"name":"buscar_cliente","args":{"id":"1004"}}}
{"type":"status","data":"Executando: buscar_cliente..."}
{"type":"final","data":{"message":{...}}}
```

O `flush()` força o PHP a enviar o output imediatamente, em vez de armazenar em buffer. Isso permite que o cliente veja o progresso em tempo real.

Por que streaming?

Análises de crédito podem demorar alguns segundos. Sem streaming, o usuário veria uma tela em branco esperando. Com streaming, ele vê:

```
Carregando ferramentas do MCP...
Pensando...
Executando: buscar_cliente...
Executando: analisar_cliente...
[Resposta final]
```

Parte 3: Comunicação com o MCP

```
function chamarMcp(string $endpoint, ?array $dados = null): mixed
{
    global $MCP_URL;

    $ch = curl_init($MCP_URL . $endpoint);
    curl_setopt($ch, CURLOPT_RETURNTRANSFER, true);
    curl_setopt($ch, CURLOPT_TIMEOUT, 60);

    if ($dados !== null) {
        curl_setopt($ch, CURLOPT_POSTFIELDS, json_encode($dados));
        curl_setopt($ch, CURLOPT_HTTPHEADER, ['Content-Type:
application/json']);
    }

    $res = curl_exec($ch);
    curl_close($ch);

    return json_decode($res);
}
```

Função simples para chamar o servidor MCP:

- **GET:** `chamarMcp('/tools')` — lista ferramentas.
- **POST:** `chamarMcp('/execute', ['tool' => 'nome', 'args' => [...]])` — executa ferramenta.

Usamos cURL por ser a forma mais robusta de fazer requisições HTTP em PHP. O timeout de 60 segundos é generoso, pois algumas análises podem demorar.

Parte 4: Comunicação com o Ollama

```
function chamarOllama(string $modelo, array $mensagens, array $ferramentas =
[]): ?array
{
    global $OLLAMA_URL;

    $payload = [
        'model' => $modelo,
        'messages' => $mensagens,
        'stream' => false,
    ];

    if (!empty($ferramentas)) {
        $payload['tools'] = $ferramentas;
    }

    $json = json_encode($payload);

    $ch = curl_init($OLLAMA_URL);
    curl_setopt($ch, CURLOPT_POSTFIELDS, $json);
    curl_setopt($ch, CURLOPT_HTTPHEADER, [
        'Content-Type: application/json',
        'Content-Length: ' . strlen($json),
    ]);
    curl_setopt($ch, CURLOPT_RETURNTRANSFER, true);
    curl_setopt($ch, CURLOPT_POST, true);
    curl_setopt($ch, CURLOPT_TIMEOUT, 300);

    $res = curl_exec($ch);
    $code = curl_getinfo($ch, CURLINFO_HTTP_CODE);
    curl_close($ch);

    if ($code !== 200) {
        return null;
    }

    return json_decode($res, true);
}
```

Esta função envia mensagens para o Ollama e recebe a resposta.

Estrutura do Payload

```
{
  "model": "lina",
  "messages": [
    {"role": "system", "content": "Você é a Lina..."},
    {"role": "user", "content": "Analise o cliente 1004"}
  ],
  "tools": [
    {
      "type": "function",
      "function": {
        "name": "buscar_cliente",
        "description": "...",
        "parameters": {...}
      }
    }
  ],
  "stream": false
}
```

`stream: false`: Optamos por não usar streaming do Ollama para simplificar o código. O Ollama retorna a resposta completa de uma vez.

`tools`: Lista de ferramentas no formato que o Ollama espera. Note que cada ferramenta tem `type: function` e os detalhes ficam dentro de `function`.

Timeout Generoso

```
curl_setopt($ch, CURLOPT_TIMEOUT, 300);
```

5 minutos de timeout. LLMs podem demorar, especialmente em hardware modesto ou quando o contexto é grande.

Parte 5: Rota Principal

```
// Rota principal: POST /chat
if ($_SERVER['REQUEST_METHOD'] === 'POST' && $_SERVER['REQUEST_URI'] ===
'/chat') {
    if (ob_get_level()) ob_end_clean();
    header('Content-Type: application/x-ndjson');

    $input = json_decode(file_get_contents('php://input'), true);
    $modelo = $input['model'] ?? 'lina';
    $mensagens = $input['messages'] ?? [];
```

`ob_end_clean()` : Limpa qualquer buffer de output anterior. Necessário para que o streaming funcione corretamente.

`application/x-ndjson` : Content-Type que indica NDJSON (Newline Delimited JSON).

`php://input` : Stream que contém o corpo da requisição POST em formato raw.

Carregando Ferramentas do MCP

```
    enviarEvento('status', 'Carregando ferramentas do MCP...');

    // 1. Buscar ferramentas do MCP
    $mcpTools = chamarMcp('/tools');
    $ollamaTools = [];

    if (is_array($mcpTools)) {
        foreach ($mcpTools as $tool) {
            $ollamaTools[] = [
                'type' => 'function',
                'function' => [
                    'name' => $tool->name,
                    'description' => $tool->description,
                    'parameters' => $tool->parameters,
                ],
            ];
        }
    }
```

O servidor MCP retorna ferramentas neste formato:

```
[
  {"name": "buscar_cliente", "description": "...", "parameters": {...}},
  ...
```

```
]
```

O Ollama espera neste formato:

```
[
  {"type": "function", "function": {"name": "...", "description": "...",
"parameters": {...}}},
  ...
]
```

O loop converte entre os dois formatos.

Injetando o System Prompt

```
    // 2. Preparar mensagens (injetar system prompt)
    $systemPrompt = file_exists($SOUL_FILE)
        ? file_get_contents($SOUL_FILE)
        : "Você é um assistente de análise de crédito.";

    if (empty($mensagens) || $mensagens[0]['role'] !== 'system') {
        array_unshift($mensagens, ['role' => 'system', 'content' =>
$systemPrompt]);
    }
```

Esta lógica garante que o system prompt (SOUL.md) seja sempre a primeira mensagem:

1. **Se SOUL.md existe:** Usa seu conteúdo.
2. **Se não existe:** Usa um fallback genérico.
3. **Se já tem system message:** Não duplica.

O `array_unshift` adiciona o system prompt no início do array de mensagens.

Parte 6: O Loop de Tool-Calling

Esta é a parte mais importante do middleware:

```
// 3. Loop de tool-calling
$maxTurnos = 5;

for ($turno = 0; $turno < $maxTurnos; $turno++) {
    enviarEvento('status', 'Pensando...');

    $resposta = chamarOllama($modelo, $mensagens, $ollamaTools);

    if (!$resposta || !isset($resposta['message'])) {
        enviarEvento('error', 'Falha ao comunicar com o modelo.');
        exit;
    }

    $msg = $resposta['message'];
    $mensagens[] = $msg;
```

Por que um loop?

O LLM pode precisar chamar **múltiplas ferramentas** para completar uma tarefa:

1. Usuário: "Analise o cliente 1004"
2. LLM: [chama `buscar_cliente(id=1004)`]
3. LLM recebe dados: {nome: "Isabela", renda: 8500, ...}
4. LLM: [chama `analisar_cliente(renda=8500, ...)`]
5. LLM recebe análise: {decisao: "APROVADO", oferta: "SILVER", ...}
6. LLM: "Isabela foi aprovada para o cartão Silver..."

Cada "turno" é uma chamada ao LLM. O loop continua até:

- O LLM responder sem chamar ferramentas (resposta final), ou
- Atingir o limite de 5 turnos (proteção contra loops infinitos).

Processando Tool Calls

```
        // Verificar chamadas de ferramenta
        if (!empty($msg['tool_calls'])) {
            foreach ($msg['tool_calls'] as $chamada) {
                $nome = $chamada['function']['name'];
                $args = $chamada['function']['arguments'];

                enviarEvento('tool_use', ['name' => $nome, 'args' => $args]);
                enviarEvento('status', "Executando: $nome...");

                $resultado = chamarMcp('/execute', ['tool' => $nome, 'args' =>
$args]);

                $conteudo = isset($resultado->output)
                    ? json_encode($resultado->output)
                    : json_encode($resultado);

                $mensagens[] = [
                    'role' => 'tool',
                    'content' => $conteudo,
                    'name' => $nome,
                ];
            }
```

Quando o LLM decide usar ferramentas, ele retorna `tool_calls`:


```
{
  "message": {
    "role": "assistant",
    "content": "",
    "tool_calls": [
      {
        "function": {
          "name": "buscar_cliente",
          "arguments": {"id": "1004"}
        }
      }
    ]
  }
}
```


Para cada tool call:

1. **Emitimos evento** `tool_use` (para o cliente ver qual ferramenta está sendo usada).
2. **Executamos** a ferramenta no servidor MCP.
3. **Adicionamos o resultado** ao histórico de mensagens com `role: tool`.

Resposta Final

```
        } else {
            enviarEvento('final', ['message' => $msg, 'history' => $mensagens]);
            exit;
        }
    }

    enviarEvento('error', 'Limite de turnos excedido.');
    exit;
}
```

Se o LLM não pedir ferramentas, significa que ele tem uma resposta final. Emitimos o evento `final` com a mensagem e o histórico completo.

Se atingirmos 5 turnos sem resposta final, algo está errado (loop infinito ou LLM confuso). Emitimos erro.

Diagrama do Loop

```
┌──────────────────────────────────────────────────────────┐
│                   LOOP DE TOOL-CALLING                   │
└──────────────────────────────────────────────────────────┘
                               │
                               ▼
                    ┌─────────────────┐
                    │ Chamar Ollama   │
                    └─────────────────┘
                             │
                             ▼
                  ┌─────────────────────┐
                  │ Resposta tem        │
                  │ tool_calls?         │
                  └─────────────────────┘
                             │
              ┌──────────────┴─────────────┐
              │                            │
              ▼ SIM                        ▼ NÃO
   ┌─────────────────────┐      ┌─────────────────────┐
   │ Para cada tool_call:│      │    Resposta Final   │
   │ 1. Executar no MCP  │      │    Enviar 'final'   │
   │ 2. Adicionar result │      │    EXIT             │
   │    ao histórico     │      └─────────────────────┘
   └─────────────────────┘
              │
              ▼
```

```
┌────────────────────┐
│ turno < 5?         │
└────────────────────┘
         │
    ┌────┴─────────┐
    │              │
    ▼ SIM          ▼ NÃO
 [Volta ao início]
              ┌────────────────────┐
              │ Erro: limite excedido │
              │ EXIT               │
              └────────────────────┘
```

Código Completo: middle.php

```php
<?php

declare(strict_types=1);

set_time_limit(300);

$MCP_URL = 'http://localhost:8080';
$OLLAMA_URL = 'http://ollama:11434/api/chat';
$SOUL_FILE = __DIR__ . '/SOUL.md';

header("Access-Control-Allow-Origin: *");
header("Access-Control-Allow-Headers: Content-Type");
header("Access-Control-Allow-Methods: POST, GET, OPTIONS");

if ($_SERVER['REQUEST_METHOD'] === 'OPTIONS') {
    exit(0);
}

function enviarEvento(string $tipo, mixed $dados): void
{
    echo json_encode(['type' => $tipo, 'data' => $dados]) . "\n";
    flush();
}

function chamarMcp(string $endpoint, ?array $dados = null): mixed
{
    global $MCP_URL;

    $ch = curl_init($MCP_URL . $endpoint);
    curl_setopt($ch, CURLOPT_RETURNTRANSFER, true);
    curl_setopt($ch, CURLOPT_TIMEOUT, 60);

    if ($dados !== null) {
        curl_setopt($ch, CURLOPT_POSTFIELDS, json_encode($dados));
```

```
        curl_setopt($ch, CURLOPT_HTTPHEADER, ['Content-Type:
application/json']);
    }

    $res = curl_exec($ch);
    curl_close($ch);

    return json_decode($res);
}

function chamarOllama(string $modelo, array $mensagens, array $ferramentas =
[]): ?array
{
    global $OLLAMA_URL;

    $payload = [
        'model' => $modelo,
        'messages' => $mensagens,
        'stream' => false,
    ];

    if (!empty($ferramentas)) {
        $payload['tools'] = $ferramentas;
    }

    $json = json_encode($payload);

    $ch = curl_init($OLLAMA_URL);
    curl_setopt($ch, CURLOPT_POSTFIELDS, $json);
    curl_setopt($ch, CURLOPT_HTTPHEADER, [
        'Content-Type: application/json',
        'Content-Length: ' . strlen($json),
    ]);
    curl_setopt($ch, CURLOPT_RETURNTRANSFER, true);
    curl_setopt($ch, CURLOPT_POST, true);
    curl_setopt($ch, CURLOPT_TIMEOUT, 300);

    $res = curl_exec($ch);
    $code = curl_getinfo($ch, CURLINFO_HTTP_CODE);
    curl_close($ch);

    if ($code !== 200) {
        return null;
    }

    return json_decode($res, true);
}

// Rota principal: POST /chat
if ($_SERVER['REQUEST_METHOD'] === 'POST' && $_SERVER['REQUEST_URI'] ===
'/chat') {
    if (ob_get_level()) ob_end_clean();
    header('Content-Type: application/x-ndjson');
```

```
    $input = json_decode(file_get_contents('php://input'), true);
    $modelo = $input['model'] ?? 'lina';
    $mensagens = $input['messages'] ?? [];

    enviarEvento('status', 'Carregando ferramentas do MCP...');

    // 1. Buscar ferramentas do MCP
    $mcpTools = chamarMcp('/tools');
    $ollamaTools = [];

    if (is_array($mcpTools)) {
        foreach ($mcpTools as $tool) {
            $ollamaTools[] = [
                'type' => 'function',
                'function' => [
                    'name' => $tool->name,
                    'description' => $tool->description,
                    'parameters' => $tool->parameters,
                ],
            ];
        }
    }

    // 2. Preparar mensagens (injetar system prompt)
    $systemPrompt = file_exists($SOUL_FILE)
        ? file_get_contents($SOUL_FILE)
        : "Você é um assistente de análise de crédito.";

    if (empty($mensagens) || $mensagens[0]['role'] !== 'system') {
        array_unshift($mensagens, ['role' => 'system', 'content' =>
$systemPrompt]);
    }

    // 3. Loop de tool-calling
    $maxTurnos = 5;

    for ($turno = 0; $turno < $maxTurnos; $turno++) {
        enviarEvento('status', 'Pensando...');

        $resposta = chamarOllama($modelo, $mensagens, $ollamaTools);

        if (!$resposta || !isset($resposta['message'])) {
            enviarEvento('error', 'Falha ao comunicar com o modelo.');
            exit;
        }

        $msg = $resposta['message'];
        $mensagens[] = $msg;

        // Verificar chamadas de ferramenta
        if (!empty($msg['tool_calls'])) {
            foreach ($msg['tool_calls'] as $chamada) {
                $nome = $chamada['function']['name'];
                $args = $chamada['function']['arguments'];
```

```
                enviarEvento('tool_use', ['name' => $nome, 'args' => $args]);
                enviarEvento('status', "Executando: $nome...");

                $resultado = chamarMcp('/execute', ['tool' => $nome, 'args' =>
$args]);

                $conteudo = isset($resultado->output)
                    ? json_encode($resultado->output)
                    : json_encode($resultado);

                $mensagens[] = [
                    'role' => 'tool',
                    'content' => $conteudo,
                    'name' => $nome,
                ];
            }
        } else {
            enviarEvento('final', ['message' => $msg, 'history' => $mensagens]);
            exit;
        }
    }

    enviarEvento('error', 'Limite de turnos excedido.');
    exit;
}
```

Testando o Middleware

Para testar o middleware isoladamente (assumindo que o servidor MCP e Ollama estão rodando):

```
# Iniciar o middleware
php -S localhost:8081 src/mcp/middle.php

# Em outro terminal:
curl -X POST http://localhost:8081/chat \
  -H "Content-Type: application/json" \
  -d '{
    "model": "lina",
    "messages": [
      {"role": "user", "content": "Analise o cliente 1004"}
    ]
  }'
```

Resposta (NDJSON):

```
{"type":"status","data":"Carregando ferramentas do MCP..."}
{"type":"status","data":"Pensando..."}
{"type":"tool_use","data":{"name":"buscar_cliente","args":{"id":"1004"}}}
{"type":"status","data":"Executando: buscar_cliente..."}
{"type":"status","data":"Pensando..."}
{"type":"tool_use","data":{"name":"analisar_cliente","args":{...}}}
{"type":"status","data":"Executando: analisar_cliente..."}
{"type":"status","data":"Pensando..."}
{"type":"final","data":{"message":{"role":"assistant","content":"Analisei o
perfil de Ricardo..."}}}
```

Considerações de Produção

O middleware atual é funcional mas simplificado. Para produção, considere:

1. Autenticação

```
// Adicionar verificação de token
$token = $_SERVER['HTTP_AUTHORIZATION'] ?? '';
if ($token !== 'Bearer seu-token-secreto') {
    http_response_code(401);
    exit;
}
```

2. Rate Limiting

```
// Limitar requisições por IP
$cache = new Redis();
$ip = $_SERVER['REMOTE_ADDR'];
$count = $cache->incr("rate:$ip");
$cache->expire("rate:$ip", 60);
if ($count > 10) {
    http_response_code(429);
    exit;
}
```

3. Logging

```
// Logar cada requisição
file_put_contents('/var/log/mcp/chat.log', json_encode([
    'timestamp' => date('c'),
    'model' => $modelo,
    'messages_count' => count($mensagens),
]) . "\n", FILE_APPEND);
```

4. Retry com Backoff

```
function chamarOllamaComRetry(...$args): ?array {
    $tentativas = 3;
    $delay = 1;

    while ($tentativas > 0) {
        $result = chamarOllama(...$args);
        if ($result !== null) return $result;

        sleep($delay);
        $delay *= 2;
        $tentativas--;
    }

    return null;
}
```

Resumo

O middleware que construímos:

1. **Centraliza** a lógica de comunicação entre cliente, LLM e MCP.
2. **Gerencia** o loop de tool-calling automaticamente.
3. **Injeta** o system prompt (SOUL.md) em todas as conversas.
4. **Converte** formatos entre MCP e Ollama.
5. **Emite eventos** de streaming para feedback em tempo real.

Na próxima seção, vamos construir o **cliente de chat CLI** — a interface que o usuário final usará para conversar com a Lina.

O Cliente de Chat

O cliente de chat é a **interface** que o usuário final utiliza para interagir com a Lina. Diferente dos componentes anteriores (servidor MCP e middleware), este é o ponto de contato humano — onde a experiência do usuário realmente acontece.

Optamos por uma interface **CLI** (Command Line Interface) por vários motivos:

1. **Simplicidade:** Sem dependências de frontend ou navegador.
2. **Portabilidade:** Funciona em qualquer terminal.
3. **Didática:** Fácil de entender e modificar.
4. **Automação:** Pode ser integrada em scripts e pipelines.

Nesta seção, vamos construir o `chat.php` — um cliente completo que conversa com a Lina em loop interativo.

Visão Geral da Arquitetura

```
┌──────────────────────────────────────────────────────────┐
│                         TERMINAL                         │
│  ┌────────────────────────────────────────────────────┐  │
│  │ $ php chat.php                                     │  │
│  │                                                    │  │
│  │ ══════════════════════════════════════════════════ │  │
│  │   LINA - Assistente de Análise de Crédito          │  │
│  │ ══════════════════════════════════════════════════ │  │
│  │                                                    │  │
│  │ Conectando ao servidor MCP... [OK] 6 ferramentas   │  │
│  │                                                    │  │
│  │ Olá! Eu sou a Lina, sua assistente...              │  │
│  │ ────────────────────────────────────────────────── │  │
│  │                                                    │  │
│  │ Você: Analise o cliente 1004                       │  │
│  │                                                    │  │
│  │ Pensando...                                        │  │
│  │ [TOOL] Usando: buscar_cliente...                   │  │
│  │ [TOOL] Usando: analisar_cliente...                 │  │
│  │                                                    │  │
│  │ Lina: Analisei o perfil de Isabela. Ela foi aprovada... │
│  │                                                    │  │
│  └────────────────────────────────────────────────────┘  │
└──────────────────────────────────────────────────────────┘
```

Parte 1: Configuração Inicial

```
#!/usr/bin/env php
<?php

declare(strict_types=1);

$MCP_URL = 'http://localhost:8080';
$OLLAMA_URL = 'http://ollama:11434/api/chat';
$SOUL_FILE = dirname(__FILE__, 2) . '/src/mcp/SOUL.md';
```

Shebang

```
#!/usr/bin/env php
```

O shebang permite executar o script diretamente:

```
# Com shebang (se arquivo tiver permissão de execução)
./chat.php

# Sem shebang (sempre funciona)
php chat.php
```

Caminhos

`dirname(__FILE__, 2)`: Sobe dois níveis a partir do arquivo atual:

```
/projeto/app/chat.php → /projeto
```

Isso permite acessar o SOUL.md em `/projeto/src/mcp/SOUL.md`.

Parte 2: Funções de Comunicação

```
function chamarMcp(string $endpoint, ?array $dados = null): mixed
{
    global $MCP_URL;
```

```
    $ch = curl_init($MCP_URL . $endpoint);
    curl_setopt($ch, CURLOPT_RETURNTRANSFER, true);
    curl_setopt($ch, CURLOPT_TIMEOUT, 60);

    if ($dados !== null) {
        curl_setopt($ch, CURLOPT_POSTFIELDS, json_encode($dados));
        curl_setopt($ch, CURLOPT_HTTPHEADER, ['Content-Type:
application/json']);
    }

    $res = curl_exec($ch);
    $erro = curl_error($ch);
    curl_close($ch);

    if ($erro) {
        return null;
    }

    return json_decode($res);
}
```

Função idêntica à do middleware, com adição de captura de erro (`curl_error`).

```
function chamarOllama(string $modelo, array $mensagens, array $ferramentas =
[]): ?array
{
    global $OLLAMA_URL;

    $payload = [
        'model' => $modelo,
        'messages' => $mensagens,
        'stream' => false,
    ];

    if (!empty($ferramentas)) {
        $payload['tools'] = $ferramentas;
    }

    $json = json_encode($payload);

    $ch = curl_init($OLLAMA_URL);
    curl_setopt($ch, CURLOPT_POSTFIELDS, $json);
    curl_setopt($ch, CURLOPT_HTTPHEADER, [
        'Content-Type: application/json',
        'Content-Length: ' . strlen($json),
    ]);
    curl_setopt($ch, CURLOPT_RETURNTRANSFER, true);
    curl_setopt($ch, CURLOPT_POST, true);
    curl_setopt($ch, CURLOPT_TIMEOUT, 300);

    $res = curl_exec($ch);
    $code = curl_getinfo($ch, CURLINFO_HTTP_CODE);
```

```
    $erro = curl_error($ch);
    curl_close($ch);

    if ($code !== 200 || $erro) {
        file_put_contents('/tmp/ollama_debug.json', $json);
        file_put_contents('/tmp/ollama_response.txt', "HTTP $code\nErro:
$erro\nResposta: $res");
        return null;
    }

    return json_decode($res, true);
}
```

Esta versão inclui **logging de debug**:

```
file_put_contents('/tmp/ollama_debug.json', $json);
file_put_contents('/tmp/ollama_response.txt', "HTTP $code\nErro:
$erro\nResposta: $res");
```

Se algo der errado, podemos inspecionar os arquivos em `/tmp/` para diagnosticar o problema.

Função de Leitura de Entrada

```
function lerEntrada(string $prompt): string
{
    echo $prompt;
    return trim(fgets(STDIN));
}
```

Função simples para ler input do usuário no terminal:

1. Exibe o prompt ("Você: ").
2. Lê uma linha do STDIN.
3. Remove espaços em branco das pontas (`trim`).

Parte 3: Apresentação

```
// Apresentação
echo "\n";
echo "═══════════════════════════════════════════════════════════\n";
```

```
echo "  LINA - Assistente de Analise de Credito (via Ollama)\n";
echo "==========================================================\n";
echo "\n";
```

Um banner visual que identifica o aplicativo.

Parte 4: Inicialização do Servidor MCP

Este é um diferencial importante do nosso cliente: ele **auto-inicia** o servidor MCP se não estiver rodando.

```
// Verificar MCP e iniciar se necessário
echo "Conectando ao servidor MCP... ";
$mcpTools = chamarMcp('/tools');

if (!is_array($mcpTools) || empty($mcpTools)) {
    echo "não encontrado.\n";
    echo "Iniciando servidor MCP em background...\n";

    $mcpServer = dirname(__FILE__, 2) . '/src/mcp/server.php';
    $logFile = '/tmp/mcp_server.log';

    // Inicia servidor PHP em background
    $cmd = "php -S 0.0.0.0:8080 {$mcpServer} > {$logFile} 2>&1 &";
    exec($cmd);
```

Por que auto-iniciar?

Sem auto-inicialização, o usuário precisaria:

1. Abrir um terminal.
2. Iniciar o servidor MCP manualmente.
3. Abrir outro terminal.
4. Executar o chat.php.

Com auto-inicialização, basta executar `php chat.php` — tudo funciona automaticamente.

Aguardando Disponibilidade

```
    // Aguarda servidor iniciar
    $tentativas = 10;
    while ($tentativas > 0) {
        usleep(500000); // 500ms
        $mcpTools = chamarMcp('/tools');
        if (is_array($mcpTools) && !empty($mcpTools)) {
            break;
        }
        $tentativas--;
        echo ".";
    }

    if (!is_array($mcpTools) || empty($mcpTools)) {
        echo " [FALHA]\n";
        echo "\n[!] Nao foi possivel iniciar o servidor MCP.\n";
        echo "Tente manualmente: php -S 0.0.0.0:8080 {$mcpServer}\n\n";
        exit(1);
    }
}

echo "[OK] " . count($mcpTools) . " ferramentas\n";
```

O loop de retry:

1. Espera 500ms (`usleep(500000)` — microssegundos).
2. Tenta conectar ao servidor.
3. Repete até 10 vezes (5 segundos total).
4. Exibe "." a cada tentativa (feedback visual).

Se falhar após 10 tentativas, exibe instrução para iniciar manualmente.

Parte 5: Preparação de Ferramentas

```
// Preparar ferramentas para Ollama
$ollamaTools = [];
foreach ($mcpTools as $tool) {
    $ollamaTools[] = [
        'type' => 'function',
        'function' => [
            'name' => $tool->name,
            'description' => $tool->description,
            'parameters' => $tool->parameters,
        ],
    ];
}
```

Conversão idêntica à do middleware: formato MCP → formato Ollama.

Parte 6: Carregar System Prompt

```
// Carregar system prompt
$systemPrompt = file_exists($SOUL_FILE)
    ? file_get_contents($SOUL_FILE)
    : "Você é a Lina, assistente de análise de crédito.";

$mensagens = [
    ['role' => 'system', 'content' => $systemPrompt],
];
```

O histórico de mensagens começa com o system prompt. Todas as interações subsequentes serão adicionadas a este array.

Parte 7: Mensagem de Boas-Vindas

```
echo "\n";
echo "Olá! Eu sou a Lina, sua assistente de análise de crédito.\n";
echo "Posso ajudar com: análise de clientes, verificação de fraude,\n";
echo "cálculo de risco e sugestão de oferta de cartão.\n";
echo "\n";
echo "Digite 'sair' para encerrar.\n";
echo "────────────────────────────────────────────────────────────\n";
```

Mensagem fixa (não gerada pelo LLM) que orienta o usuário sobre o que o chat pode fazer.

Parte 8: Loop Principal

```
while (true) {
    echo "\n";
    $input = lerEntrada("Você: ");

    if (strtolower($input) === 'sair') {
        echo "\nAte logo! Foi um prazer ajudar.\n\n";
        break;
    }

    if (empty($input)) {
        continue;
    }

    $mensagens[] = ['role' => 'user', 'content' => $input];
```

Loop infinito que:

1. Lê entrada do usuário.
2. Verifica se é "sair" (encerra o loop).
3. Ignora entradas vazias.
4. Adiciona a mensagem ao histórico.

Detecção Inteligente de Ferramentas

```
    echo "\nPensando...\n";

    // Detectar se precisa de ferramentas
    $precisaFerramentas = preg_match(
'/\b(analis|verific|list|risco|fraude|cliente|busca|calcul|oferta)\w*/i',
        $input
    );

    $toolsParaEnviar = $precisaFerramentas ? $ollamaTools : [];
```

Esta é uma otimização importante. Se o usuário digitar "bom dia", não faz sentido enviar a lista de ferramentas ao LLM — ele não vai precisar delas.

A expressão regular detecta palavras-chave que indicam necessidade de ferramentas:

- `analis...` → análise, analisar
- `verific...` → verificar, verificação
- `list...` → listar, lista
- `risco`, `fraude`, `cliente`, `busca`, `calcul`, `oferta`

Se nenhuma palavra-chave for encontrada, enviamos lista vazia de ferramentas. Isso:

1. **Reduz tokens:** Menos dados para processar.
2. **Acelera resposta:** Menos contexto = inferência mais rápida.
3. **Evita uso acidental:** Sem ferramentas disponíveis, não há como usá-las incorretamente.

Loop de Tool-Calling

```
    // Loop de tool-calling
    $maxTurnos = 5;

    for ($turno = 0; $turno < $maxTurnos; $turno++) {
        $resposta = chamarOllama('lina', $mensagens, $toolsParaEnviar);

        if (!$resposta || !isset($resposta['message'])) {
            echo "\n[ERRO] Falha ao comunicar com o Ollama.\n";
            echo "Verifique se o serviço está rodando.\n";
            break;
        }

        $msg = $resposta['message'];
        $mensagens[] = $msg;
```

Idêntico ao middleware: loop que continua enquanto houver tool calls.

Processamento de Tool Calls

```
        // Verifica chamadas de ferramentas
        if (!empty($msg['tool_calls'])) {
            foreach ($msg['tool_calls'] as $chamada) {
                $nome = $chamada['function']['name'];
                $args = $chamada['function']['arguments'];

                echo "[TOOL] Usando: {$nome}...\n";
```

```
                $resultado = chamarMcp('/execute', ['tool' => $nome, 'args' =>
$args]);

                $conteudo = isset($resultado->output)
                    ? json_encode($resultado->output)
                    : json_encode($resultado);

                $mensagens[] = [
                    'role' => 'tool',
                    'content' => $conteudo,
                    'name' => $nome,
                ];
            }
```

Diferente do middleware, aqui exibimos feedback diretamente no terminal:

```
[TOOL] Usando: buscar_cliente...
[TOOL] Usando: analisar_cliente...
```

Resposta Final

```
        } else {
            // Resposta final
            echo "\n";
            echo "Lina: " . ($msg['content'] ?? '(sem resposta)') . "\n";
            break;
        }
    }
}
```

Quando não há mais tool calls, exibimos a resposta da Lina e voltamos ao início do loop para esperar nova entrada do usuário.

Código Completo: chat.php

```
#!/usr/bin/env php
<?php

declare(strict_types=1);

$MCP_URL = 'http://localhost:8080';
$OLLAMA_URL = 'http://ollama:11434/api/chat';
$SOUL_FILE = dirname(__FILE__, 2) . '/src/mcp/SOUL.md';
```

```
function chamarMcp(string $endpoint, ?array $dados = null): mixed
{
    global $MCP_URL;

    $ch = curl_init($MCP_URL . $endpoint);
    curl_setopt($ch, CURLOPT_RETURNTRANSFER, true);
    curl_setopt($ch, CURLOPT_TIMEOUT, 60);

    if ($dados !== null) {
        curl_setopt($ch, CURLOPT_POSTFIELDS, json_encode($dados));
        curl_setopt($ch, CURLOPT_HTTPHEADER, ['Content-Type:
application/json']);
    }

    $res = curl_exec($ch);
    $erro = curl_error($ch);
    curl_close($ch);

    if ($erro) {
        return null;
    }

    return json_decode($res);
}

function chamarOllama(string $modelo, array $mensagens, array $ferramentas =
[]): ?array
{
    global $OLLAMA_URL;

    $payload = [
        'model' => $modelo,
        'messages' => $mensagens,
        'stream' => false,
    ];

    if (!empty($ferramentas)) {
        $payload['tools'] = $ferramentas;
    }

    $json = json_encode($payload);

    $ch = curl_init($OLLAMA_URL);
    curl_setopt($ch, CURLOPT_POSTFIELDS, $json);
    curl_setopt($ch, CURLOPT_HTTPHEADER, [
        'Content-Type: application/json',
        'Content-Length: ' . strlen($json),
    ]);
    curl_setopt($ch, CURLOPT_RETURNTRANSFER, true);
    curl_setopt($ch, CURLOPT_POST, true);
    curl_setopt($ch, CURLOPT_TIMEOUT, 300);

    $res = curl_exec($ch);
```

```
    $code = curl_getinfo($ch, CURLINFO_HTTP_CODE);
    $erro = curl_error($ch);
    curl_close($ch);

    if ($code !== 200 || $erro) {
        file_put_contents('/tmp/ollama_debug.json', $json);
        file_put_contents('/tmp/ollama_response.txt', "HTTP $code\nErro:
$erro\nResposta: $res");
        return null;
    }

    return json_decode($res, true);
}

function lerEntrada(string $prompt): string
{
    echo $prompt;
    return trim(fgets(STDIN));
}

// Apresentação
echo "\n";
echo "============================================================\n";
echo "  LINA - Assistente de Analise de Credito (via Ollama)\n";
echo "============================================================\n";
echo "\n";

// Verificar MCP e iniciar se necessário
echo "Conectando ao servidor MCP... ";
$mcpTools = chamarMcp('/tools');

if (!is_array($mcpTools) || empty($mcpTools)) {
    echo "não encontrado.\n";
    echo "Iniciando servidor MCP em background...\n";

    $mcpServer = dirname(__FILE__, 2) . '/src/mcp/server.php';
    $logFile = '/tmp/mcp_server.log';

    // Inicia servidor PHP em background
    $cmd = "php -S 0.0.0.0:8080 {$mcpServer} > {$logFile} 2>&1 &";
    exec($cmd);

    // Aguarda servidor iniciar
    $tentativas = 10;
    while ($tentativas > 0) {
        usleep(500000); // 500ms
        $mcpTools = chamarMcp('/tools');
        if (is_array($mcpTools) && !empty($mcpTools)) {
            break;
        }
        $tentativas--;
        echo ".";
    }
```

```
    if (!is_array($mcpTools) || empty($mcpTools)) {
        echo " [FALHA]\n";
        echo "\n[!] Nao foi possivel iniciar o servidor MCP.\n";
        echo "Tente manualmente: php -S 0.0.0.0:8080 {$mcpServer}\n\n";
        exit(1);
    }
}

echo "[OK] " . count($mcpTools) . " ferramentas\n";

// Preparar ferramentas para Ollama
$ollamaTools = [];
foreach ($mcpTools as $tool) {
    $ollamaTools[] = [
        'type' => 'function',
        'function' => [
            'name' => $tool->name,
            'description' => $tool->description,
            'parameters' => $tool->parameters,
        ],
    ];
}

// Carregar system prompt
$systemPrompt = file_exists($SOUL_FILE)
    ? file_get_contents($SOUL_FILE)
    : "Você é a Lina, assistente de análise de crédito.";

$mensagens = [
    ['role' => 'system', 'content' => $systemPrompt],
];

echo "\n";
echo "Olá! Eu sou a Lina, sua assistente de análise de crédito.\n";
echo "Posso ajudar com: análise de clientes, verificação de fraude,\n";
echo "cálculo de risco e sugestão de oferta de cartão.\n";
echo "\n";
echo "Digite 'sair' para encerrar.\n";
echo "───────────────────────────────────────────────────────────────────────\n";

while (true) {
    echo "\n";
    $input = lerEntrada("Você: ");

    if (strtolower($input) === 'sair') {
        echo "\nAte logo! Foi um prazer ajudar.\n\n";
        break;
    }

    if (empty($input)) {
        continue;
    }

    $mensagens[] = ['role' => 'user', 'content' => $input];
```

```
    echo "\nPensando...\n";

    // Detectar se precisa de ferramentas
    $precisaFerramentas = preg_match(
'/\b(analis|verific|list|risco|fraude|cliente|busca|calcul|oferta)\w*/i',
        $input
    );

    $toolsParaEnviar = $precisaFerramentas ? $ollamaTools : [];

    // Loop de tool-calling
    $maxTurnos = 5;

    for ($turno = 0; $turno < $maxTurnos; $turno++) {
        $resposta = chamarOllama('lina', $mensagens, $toolsParaEnviar);

        if (!$resposta || !isset($resposta['message'])) {
            echo "\n[ERRO] Falha ao comunicar com o Ollama.\n";
            echo "Verifique se o serviço está rodando.\n";
            break;
        }

        $msg = $resposta['message'];
        $mensagens[] = $msg;

        // Verifica chamadas de ferramentas
        if (!empty($msg['tool_calls'])) {
            foreach ($msg['tool_calls'] as $chamada) {
                $nome = $chamada['function']['name'];
                $args = $chamada['function']['arguments'];

                echo "[TOOL] Usando: {$nome}...\n";

                $resultado = chamarMcp('/execute', ['tool' => $nome, 'args' =>
$args]);

                $conteudo = isset($resultado->output)
                    ? json_encode($resultado->output)
                    : json_encode($resultado);

                $mensagens[] = [
                    'role' => 'tool',
                    'content' => $conteudo,
                    'name' => $nome,
                ];
            }
        } else {
            // Resposta final
            echo "\n";
            echo "Lina: " . ($msg['content'] ?? '(sem resposta)') . "\n";
            break;
        }
```

```
    }
}
```

Exemplo de Sessão

```
$ php chat.php

═══════════════════════════════════════════════════════════════
  LINA - Assistente de Analise de Credito (via Ollama)
═══════════════════════════════════════════════════════════════

Conectando ao servidor MCP... [OK] 6 ferramentas

Olá! Eu sou a Lina, sua assistente de análise de crédito.
Posso ajudar com: análise de clientes, verificação de fraude,
cálculo de risco e sugestão de oferta de cartão.

Digite 'sair' para encerrar.
───────────────────────────────────────────────────────────────

Você: bom dia!

Pensando...

Lina: Bom dia! Sou Lina, sua assistente especializada em análise de crédito.
Qual é o seu pedido? Você gostaria de analisar um cliente ou precisar de ajuda
com algo específico? Estou aqui para ajudar!

Você: liste os clientes

Pensando...
[TOOL] Usando: listar_clientes...

Lina: Aqui estão os clientes da nossa base de dados:

1. Ricardo Almeida (ID: 1001)
2. Fernanda Costa (ID: 1002)
3. Lucas Oliveira (ID: 1003)
4. Isabela Martins (ID: 1004)
5. José da Silva (ID: 1005)
6. Mariana Santos (ID: 1006)
7. Pedro Henrique (ID: 1007)
8. Thiago Nascimento (ID: 1008)
9. Claudia Ferreira (ID: 1009)
10. Antônio Souza (ID: 1010)

Quer analisar um deles?

Você: analise o 1004
```

```
Pensando...
[TOOL] Usando: buscar_cliente...

Lina: Com base nos dados do cliente Isabela Martins (ID: 1004), podemos realizar
uma análise completa de crédito.

**Renda:** R$ 45.000,00 por mês
**Divida:** Nenhuma divida registrada
**Score:** 800 (indicando um histórico de crédito positivo)
**Tempo de emprego:** Não há tempo de emprego registrado (pois Isabela é
herdeira e não trabalha)
**Idade:** 19 anos
**Gênero:** Feminino
**Data de nascimento:** 28/05/2007

Considerando esses dados, podemos concluir que Isabela tem um perfil de crédito
relativamente saudável, com uma renda razoável e sem dividas registradas. No
entanto, seu tempo de emprego é limitado (pois não trabalha) e sua idade é
jovem.

**Conclusão:** Aprovada para cartão Gold

Isabela pode ter acesso a um cartão de crédito com limite mais alto,
considerando seu histórico de crédito positivo e renda razoável. No entanto, é
importante lembrar que o tempo de emprego e idade devem ser monitorados ao longo
do tempo para garantir que ela mantenha um perfil de crédito saudável.

O que você gostaria de fazer em seguida?

Você: sair

Ate logo! Foi um prazer ajudar.
```

Melhorias Possíveis

1. Histórico Persistente

Salvar conversas para retomada posterior:

```
$historicoFile = '/tmp/lina_historico.json';

// Ao iniciar, carregar histórico se existir
if (file_exists($historicoFile)) {
    $mensagens = json_decode(file_get_contents($historicoFile), true);
}

// Ao sair, salvar histórico
```

```
file_put_contents($historicoFile, json_encode($mensagens));
```

2. Cores no Terminal

Usar códigos ANSI para colorir output:

```
$verde = "\033[32m";
$azul = "\033[34m";
$reset = "\033[0m";

echo "{$azul}Lina:{$reset} " . $msg['content'] . "\n";
echo "{$verde}[TOOL]{$reset} Usando: {$nome}...\n";
```

3. Auto-complete

Usar readline para sugestões de comandos:

```
if (function_exists('readline_completion_function')) {
    readline_completion_function(function($input, $index) {
        $comandos = ['analise', 'liste', 'verifique', 'calcule', 'sair'];
        return array_filter($comandos, fn($c) => str_starts_with($c, $input));
    });
}
$input = readline("Você: ");
```

Resumo

O cliente de chat que construímos:

1. **Auto-inicia** o servidor MCP se necessário.
2. **Detecta** quando ferramentas são necessárias (otimização).
3. **Gerencia** o loop de tool-calling localmente.
4. **Exibe** feedback visual durante o processamento.
5. **Mantém** histórico de conversa em memória.

Na próxima seção, vamos unir todos os componentes com a **infraestrutura Docker** — criando um ambiente completo e reproduzível para rodar a Lina.

Infraestrutura Docker

Até agora, explicamos os componentes de software: servidor MCP, middleware, cliente de chat, persona da Lina. Mas como tudo isso roda junto? A resposta está na **infraestrutura Docker**.

Docker permite encapsular toda a complexidade (PHP, extensões, Ollama, modelos) em containers reproduzíveis. Qualquer pessoa com Docker instalado pode rodar nosso projeto com um único comando.

> *Mas é altamente recomendável que você não utilize sem GPU, pode utilizar um container oficial do Ollama no Docker Hub que já ofereça compatibilidade com plavas Nvidia. Ou execute em outro computador e apenas forneça o link do Ollama externo para uso dentro do container.*
>
> *Para fins de demonstração do livro um computador sem GPU compatível é suficiente, porém cada execução do LLM pode levar ~30 segundos ou mais.*

Nesta seção, vamos analisar os arquivos de infraestrutura:

1. **docker-compose.yml:** Orquestração dos serviços.
2. **customizar-ollama.sh:** Script de inicialização do Ollama.

docker-compose.yml

O Docker Compose define como nossos serviços interagem:

```
services:
  php:
    build:
      context: .
      dockerfile: Dockerfile
    container_name: php_ai
    volumes:
      - ./:/livro
    command:
      - /bin/bash
      - -c
      - |
```

```
      sleep infinity
    restart: "no"

  ollama:
    profiles: [ "ollama" ]
    container_name: ollama_server
    image: ollama/ollama:0.15.5
    volumes:
      - ./customizar-ollama.sh:/customizar-ollama.sh
    entrypoint: [ "/bin/bash", "/customizar-ollama.sh" ]
```

Serviço Ollama

```
  ollama:
    profiles: [ "ollama" ]
    container_name: ollama_server
    image: ollama/ollama:0.15.5
    volumes:
      - ./customizar-ollama.sh:/customizar-ollama.sh
    entrypoint: [ "/bin/bash", "/customizar-ollama.sh" ]
```

`profiles: [ "ollama" ]` : O serviço só inicia quando explicitamente solicitado:

```
# Inicia apenas PHP
docker compose up -d

# Inicia PHP + Ollama
docker compose --profile ollama up -d
```

Isso é útil porque:

- Ollama consome muitos recursos (GPU, memória).
- Nem toda sessão de desenvolvimento precisa do LLM.
- Permite rodar em máquinas sem GPU (só o PHP).

`image: ollama/ollama:0.15.5` : Imagem oficial do Ollama, versão fixa para reprodutibilidade.

`entrypoint` : Substitui o comando padrão pelo nosso script de customização.

Por que não usamos depends_on?

O Docker Compose tem `depends_on` para definir ordem de inicialização. Não usamos porque:

1. **Profiles:** O Ollama pode não estar no profile ativo.
2. **Tempo de inicialização:** Mesmo com `depends_on`, o Ollama demora para estar pronto (download do modelo).
3. **Resiliência:** O PHP deve funcionar mesmo se Ollama estiver indisponível.

O chat.php tenta conectar ao Ollama e exibe erro apropriado se não conseguir — essa é uma abordagem mais robusta que dependência no compose.

customizar-ollama.sh

Este script é o entrypoint do container Ollama:

```
#!/bin/bash

# Iniciar o servidor em background
/bin/ollama serve &
pid=$!

echo "Aguardando Ollama iniciar..."
sleep 5

# Baixar modelo base
echo "Baixando modelo base llama3.1 (isso pode demorar MUITO na primeira
vez)..."
ollama pull llama3.1
echo "Modelo base pronto!"
```

Servidor em Background

```
/bin/ollama serve &
pid=$!
```

O `&` inicia o servidor Ollama em background. Guardamos o PID para esperar por ele no final.

O `sleep 5` dá tempo para o servidor inicializar antes de tentarmos usar.

Download do Modelo

```
ollama pull llama3.1
```

O comando `pull` baixa o modelo dos servidores Ollama. Na primeira execução:

- Download: ~4.7 GB
- Tempo: 5-30 minutos (dependendo da conexão)
- Armazenamento: Modelo fica em volume persistente

Em execuções subsequentes, o modelo já está cacheado.

Criação do Modelo Customizado

```
# Verificar se deve treinar
FORCE_RETRAIN=0
if [[ "$*" == *"--retrain"* ]]; then
    FORCE_RETRAIN=1
fi

if ollama list | grep -q "lina" && [ $FORCE_RETRAIN -eq 0 ]; then
    echo "Modelo 'lina' já existe. Pulando criação."
    echo "Para recriar, execute com a flag --retrain"
else
```

Idempotência: Se o modelo "lina" já existe, não recria. Isso economiza tempo em reinicializações.

Flag --retrain: Permite forçar recriação quando você modificar o Modelfile.

Modelfile

```
    cat > /root/Modelfile << 'EOF'
FROM llama3.1
PARAMETER temperature 0.6
PARAMETER top_p 0.9
PARAMETER num_ctx 8192
SYSTEM """Voce e Lina, assistente de analise de credito de uma Fintech.

PERSONALIDADE:
- Profissional, empatica e objetiva
- Responde em portugues brasileiro
- Explica decisoes de forma clara
```

```
REGRA CRITICA SOBRE FERRAMENTAS:
- NUNCA use ferramentas para saudacoes como "bom dia", "ola", "oi"
- NUNCA use ferramentas para perguntas sobre voce mesma
- SOMENTE use ferramentas quando o usuario pedir EXPLICITAMENTE:
  * "analise o cliente X"
  * "verifique fraude"
  * "liste os clientes"
  * "calcule o risco"

Se a mensagem for uma saudacao, responda normalmente sem usar nenhuma
ferramenta.
"""
EOF

    ollama create lina -f /root/Modelfile
    echo "Modelo 'lina' criado com sucesso!"
fi
```

O Modelfile é escrito diretamente no container via heredoc. Detalhes já foram explicados em seção anterior.

Manter Container Rodando

```
# Manter o container rodando
wait $pid
```

O `wait` bloqueia até o processo do Ollama terminar. Isso mantém o container rodando enquanto o servidor estiver ativo.

Comandos Úteis

Inicialização

```
# Apenas PHP (desenvolvimento local)
docker compose up -d

# PHP + Ollama (funcionalidade completa)
docker compose --profile ollama up -d

# Ver logs
docker compose logs -f
```

```
# Ver logs só do Ollama
docker compose logs -f ollama
```

Acessando Containers

```
# Entrar no container PHP
docker exec -it php_ai bash

# Executar comando direto no PHP
docker exec -it php_ai php app/chat.php

# Ver status do Ollama
docker exec ollama_server ollama list
```

Recriando Modelo Lina

```
# Quando modificar o Modelfile
docker compose --profile ollama down
docker compose --profile ollama up -d

# Ou forçar recriação
docker exec ollama_server ollama rm lina
docker exec ollama_server /customizar-ollama.sh
```

Limpeza

```
# Parar tudo
docker compose --profile ollama down

# Remover volumes (cuidado: apaga modelos baixados)
docker compose --profile ollama down -v
```

Troubleshooting

Ollama não inicia

Sintoma: "Falha ao comunicar com o Ollama"

Verificar:

```
# Container está rodando?
docker ps | grep ollama

# Logs do Ollama
docker compose logs ollama

# Modelo foi baixado?
docker exec ollama_server ollama list
```

PHP não conecta ao Ollama

Sintoma: cURL timeout ou connection refused

Verificar:

```
# Containers estão na mesma rede?
docker network ls
docker network inspect projeto_default
```

Solução: Verificar se o nome do host está correto no código PHP:

```
$OLLAMA_URL = 'http://ollama:11434/api/chat';
// "ollama" é o nome do serviço no docker-compose
```

Arquitetura de Rede

```
┌──────────────────────────────────────────────────────────────┐
│                    Docker Network (bridge)                   │
├──────────────────────────────────────────────────────────────┤
│                                                              │
│  ┌─────────────────┐                  ┌────────────────────┐ │
│  │   php_ai        │                  │  ollama_server     │ │
│  │                 │                  │                    │ │
│  │ localhost:8080  │                  │ ollama:11434       │ │
│  │ (MCP Server)    │◄────────────────►│ (LLM API)          │ │
│  │                 │                  │                    │ │
│  └─────────────────┘                  └────────────────────┘ │
│           │                                                  │
└───────────┼──────────────────────────────────────────────────┘
            │
            ▼
   ┌──────────────┐
   │    Host      │
   │  ./:/livro   │
   │  (volume)    │
   └──────────────┘
```

Código Completo: docker-compose.yml

```
services:
  php:
    build:
      context: .
      dockerfile: Dockerfile
    container_name: php_ai
    volumes:
      - ./:/livro
    command:
      - /bin/bash
      - -c
      - |
        sleep infinity
    restart: "no"

  ollama:
    profiles: [ "ollama" ]
    container_name: ollama_server
    image: ollama/ollama:0.15.5
    volumes:
      - ./customizar-ollama.sh:/customizar-ollama.sh
```

```
entrypoint: [ "/bin/bash", "/customizar-ollama.sh" ]
```

Código Completo: customizar-ollama.sh

```
#!/bin/bash

# Iniciar o servidor em background
/bin/ollama serve &
pid=$!

echo "Aguardando Ollama iniciar..."
sleep 5

# Baixar modelo base
echo "Baixando modelo base llama3.1 (isso pode demorar na primeira vez)..."
# O pull é idempotente, mas podemos evitar spam de log se não for necessário
ollama pull llama3.1
echo "Modelo base pronto!"

# Verificar se deve treinar
FORCE_RETRAIN=0
if [[ "$*" == *"--retrain"* ]]; then
    FORCE_RETRAIN=1
fi

if ollama list | grep -q "lina" && [ $FORCE_RETRAIN -eq 0 ]; then
    echo "Modelo 'lina' já existe. Pulando criação."
    echo "Para recriar, execute com a flag --retrain"
else
    if [ $FORCE_RETRAIN -eq 1 ]; then
        echo "Flag --retrain detectada. Recriando modelo..."
    fi

    # Criar Modelfile
    echo "Criando definição do modelo Lina..."
    cat > /root/Modelfile << 'EOF'
FROM llama3.1
PARAMETER temperature 0.6
PARAMETER top_p 0.9
PARAMETER num_ctx 8192
SYSTEM """Voce e Lina, assistente de analise de credito de uma Fintech.

PERSONALIDADE:
- Profissional, empatica e objetiva
- Responde em portugues brasileiro
- Explica decisoes de forma clara

REGRA CRITICA SOBRE FERRAMENTAS:
- NUNCA use ferramentas para saudacoes como "bom dia", "ola", "oi"
```

```
- NUNCA use ferramentas para perguntas sobre voce mesma
- SOMENTE use ferramentas quando o usuario pedir EXPLICITAMENTE:
  * "analise o cliente X"
  * "verifique fraude"
  * "liste os clientes"
  * "calcule o risco"

Se a mensagem for uma saudacao, responda normalmente sem usar nenhuma
ferramenta.
"""
EOF

    # Criar modelo personalizado
    echo "Criando modelo personalizado 'lina'..."
    ollama create lina -f /root/Modelfile
    echo "Modelo 'lina' criado com sucesso!"
fi

# Manter o container rodando
wait $pid
```

Resumo

Ao longo deste capítulo, construímos um sistema completo de integração entre LLMs e nosso motor de crédito. O resultado é uma assistente de análise de crédito que:

1. **Conversa naturalmente** em português.
2. **Usa nossos 3 modelos de ML** (FANN, RubixML, AHPd) automaticamente.
3. **Explica decisões** de forma clara e auditável.
4. **Roda localmente** sem dependência de APIs cloud.
5. **É reproduzível** via Docker em qualquer máquina compatível.

Este é o ápice do nosso motor de crédito: a integração de todo o pipeline em uma experiência de usuário natural.

Material de apoio

Manter materiais técnicos atualizados é um desafio constante tanto para autores quanto para alunos. Para garantir que os exemplos deste livro permaneçam funcionais e relevantes, disponibilizei um repositório no GitHub com todos os códigos executáveis e prontos para uso.

Repositório de apoio: https://github.com/adrianowead/material_apoio_livro_php_ai_nativa

Referências Bibliográficas

Abaixo estão listadas as referências utilizadas para a fundamentação teórica e técnica deste livro. Elas foram selecionadas para fornecer ao leitor tanto a base acadêmica sólida quanto a documentação prática das ferramentas utilizadas.

1. Inteligência Artificial e Machine Learning

Essas obras fundamentam os conceitos de agentes racionais, redes neurais e algoritmos de aprendizado supervisionado apresentados nos capítulos de FANN e RubixML.

- **RUSSELL, Stuart; NORVIG, Peter.** *Inteligência Artificial: Uma Abordagem Moderna.* 4. ed. Rio de Janeiro: GEN LTC, 2022.
    - *Nota:* Considerada a "bíblia" da IA, essencial para entender a teoria por trás dos agentes e redes neurais.
- **FACELI, Katti et al.** *Inteligência Artificial: Uma Abordagem de Aprendizado de Máquina.* 2. ed. Rio de Janeiro: LTC, 2021.
    - *Nota:* Referência brasileira excelente para conceitos como Overfitting, Validação Cruzada e Métricas de Avaliação.

2. Tomada de Decisão e Pesquisa Operacional

Fundamentação para o capítulo de AHPd e a lógica de decisão multicritério.

- **GOMES, L. F. A. M.; GOMES, C. F. S.; ALMEIDA, A. T.** *Tomada de Decisão Gerencial: Enfoque Multicritério.* 6. ed. São Paulo: Atlas, 2019.
    - *Nota:* Base teórica do método AHP (Analytic Hierarchy Process).
- **COLIN, Emerson C.** *Pesquisa Operacional: 170 Aplicações em Estratégia, Finanças, Logística, Produção, Marketing e Vendas.* Rio de Janeiro: LTC, 2015.
    - *Nota:* Contextualiza o uso de métodos matemáticos para apoio à decisão em ambientes corporativos.

3. Ecossistema PHP e Engenharia de Software

Referências para as práticas de desenvolvimento, estrutura de projeto e uso de bibliotecas.

- **LOCKHART, Josh.** *PHP Moderno: Novos Recursos e Boas Práticas.* São Paulo: Novatec, 2015.
    - *Nota:* Leitura fundamental para entender o ecossistema Composer, PSRs e boas práticas.
- **PHP GROUP.** *PHP Manual.* Disponível em: *https://www.php.net/manual/en/*.
    - *Nota:* Referência constante para funções nativas e comportamento da linguagem.

4. Ferramentas e Tecnologias Utilizadas

Relação das ferramentas oficiais citadas no decorrer do livro, com seus respectivos links para documentação e datas de lançamento/vigência relevantes para o contexto histórico da obra.

Inteligência Artificial Determinística

- **FANN (Fast Artificial Neural Network)**

- *Autor:* Steffen Nissen
- *Lançamento:* Novembro de 2003
- *Site Oficial:* *https://github.com/libfann/fann*
- *Contexto:* Utilizada no capítulo "Redes Neurais com FANN" para detecção de anomalias. A biblioteca escrita em C oferece bindings de alta performance para PHP.

- **Rubix ML**
  - *Autor:* Andrew DalPino
  - *Lançamento:* 2017
  - *Site Oficial:* *https://rubixml.com/*
  - *Contexto:* Biblioteca PHP moderna utilizada no capítulo "Machine Learning com RubixML" para cálculo de risco de crédito (Random Forest), operando inteiramente em user-land PHP.
- **AHPd (Analytic Hierarchy Process - Data Driven)**
  - *Autor:* Adriano Maciel (Baseado na teoria de Thomas Saaty, 1980)
  - *Contexto:* Implementação PHP utilizada no capítulo "Tomada de Decisão com AHPd" para tomada de decisão multicritério, automatizando a ponderação de variáveis conflitantes.

Inteligência Artificial Generativa e Protocolos

- **Ollama**
  - *Lançamento:* 2023
  - *Site Oficial:* *https://ollama.com/*
  - *Contexto:* Framework para execução local de LLMs, viabilizando a persona "Lina" sem dependência de APIs externas de alto custo.
- **MCP (Model Context Protocol)**
  - *Mantenedor:* Linux Foundation (doado pela Anthropic)
  - *Lançamento Inicial:* Novembro de 2024 (pela Anthropic)
  - *Governança Aberta:* 9 de Dezembro de 2025 (Linux Foundation)
  - *Especificação:* *https://modelcontextprotocol.io/*
  - *Anúncio Linux Foundation:* *https://www.linuxfoundation.org/press/linux-foundation-announces-the-formation-of-the-agentic-ai-foundation*

- *Contexto:* Padrão aberto utilizado no capítulo "Integrando IA com MCP" para conectar LLMs aos dados e ferramentas do sistema PHP de forma segura e padronizada.

Infraestrutura

- **Docker**
  - *Site Oficial:* *https://www.docker.com/*
  - *Contexto:* Orquestração do ambiente de desenvolvimento (PHP + Ollama).
- **Ubuntu 24.04 LTS (Noble Numbat)**
  - *Lançamento:* Abril de 2024
  - *Contexto:* Sistema operacional base para os containers do projeto.

5. Engenharia de Dados e Performance

Referências técnicas sobre otimização de recursos e engenharia de software aplicada a IA.

- **PHP Group.** *SplFixedArray - The SPL Standard Library.*
  - *Documentação:* *https://www.php.net/manual/en/class.splfixedarray.php*
  - *Contexto:* Estrutura de dados utilizada para otimização de memória em grandes datasets (capítulo "Machine Learning com RubixML"), oferecendo redução de consumo de até 96% em comparação a arrays dinâmicos.
- **PHP Group.** *PHP 8.4 JIT Compilation.*
  - *Contexto:* As melhorias no compilador JIT do PHP 8.4 impactam positivamente a execução de algoritmos matemáticos intensivos escritos em PHP puro (como RubixML), aproximando a performance de linguagens compiladas para tarefas específicas.
- **MACIEL, Adriano.** *PHP Além das Abstrações: Um guia para engenheiros, que precisam mais do que bibliotecas.*
  - *Contexto:* Obra complementar citada, aprofundando temas como gerenciamento de memória compartilhada (`shmop`), estruturas de dados eficientes (`SplPriorityQueue`) e semáforos.

6. Arquitetura de Agentes e LLMs

Conceitos avançados para construção de sistemas cognitivos.

- **LEWIS, Patrick et al.** *Retrieval-Augmented Generation for Knowledge-Intensive NLP Tasks.* 2020.
    - *Paper Original:* *https://arxiv.org/abs/2005.11401*
    - *Contexto:* Fundamentação teórica para o padrão RAG (Retrieval-Augmented Generation), onde o modelo consulta fontes externas antes de responder. No livro, aplicamos uma variação deste conceito ao injetar dados do cliente via MCP no contexto do LLM.
- **Anthropic.** *Building Effective Agents.*
    - *Recurso:* *https://www.anthropic.com/research/building-effective-agents*
    - *Contexto:* Boas práticas para design de agentes que utilizam ferramentas (Tool Use), base para implementação do Client MCP no capítulo "Integrando IA com MCP".

www.ingramcontent.com/pod-product-compliance
Lightning Source LLC
Chambersburg PA
CBHW071441230926
51846CB00001B/305
* 9 7 8 6 5 0 1 9 3 7 5 9 5 *